AUSTRILIA SENIOR SCHOOL
MATHEMATICAL COMPETITION
QUESTIONS AND ANSWERS,
PRIMARY VOLUME, 1999—2005

澳大利亚中学
数学竞赛试题及解答

初级卷　　1999—2005

● 刘培杰数学工作室 编

哈尔滨工业大学出版社
HARBIN INSTITUTE OF TECHNOLOGY PRESS

内 容 简 介

本书收录了从 1999 年至 2005 年澳大利亚中学数学竞赛初级卷的全部试题,并且给出了详细解答,其中一些题目给出了多种解答方法,以便读者加深对问题的理解并开拓思路.

本书适合中小学生及数学爱好者参考阅读.

图书在版编目(CIP)数据

澳大利亚中学数学竞赛试题及解答. 初级卷. 1999 – 2005/刘培杰数学工作室编. — 哈尔滨:哈尔滨工业大学出版社,2019.3

ISBN 978 – 7 – 5603 – 7862 – 6

Ⅰ.①澳… Ⅱ.①刘… Ⅲ.①中学数学课 – 题解 Ⅳ.①G634.605

中国版本图书馆 CIP 数据核字(2018)第 302924 号

策划编辑	刘培杰　张永芹
责任编辑	张永芹　邵长玲
封面设计	孙茵艾
出版发行	哈尔滨工业大学出版社
社　　址	哈尔滨市南岗区复华四道街 10 号　邮编 150006
传　　真	0451 – 86414749
网　　址	http://hitpress.hit.edu.cn
印　　刷	哈尔滨市石桥印务有限公司
开　　本	787mm×960mm　1/16　印张 9　字数 91 千字
版　　次	2019 年 3 月第 1 版　2019 年 3 月第 1 次印刷
书　　号	ISBN 978 – 7 – 5603 – 7862 – 6
定　　价	28.00 元

(如因印装质量问题影响阅读,我社负责调换)

目录

第1章　1999年试题　//1

第2章　2000年试题　//16

第3章　2001年试题　//31

第4章　2002年试题　//47

第5章　2003年试题　//64

第6章　2004年试题　//78

第7章　2005年试题　//94

编辑手记　//111

第1章 1999年试题

1. 49 - 18 等于(　　).

A. 67　　　B. 31　　　C. -29

D. 21　　　E. 41

解　49 - 18 = 31.　　　　　　　　　(B)

2. 20 ÷ 0.2 等于(　　).

A. 10　　　B. 40　　　C. 100

D. 400　　　E. 1 000

解　$\dfrac{20}{0.2} = \dfrac{200}{2} = 100.$　　　　　　(C)

3. (46×138) + (54×138) 的值等于(　　).

A. 6 405　　B. 12 696　　C. 7 452

D. 13 800　　E. 6 348

解　(46×138) + (54×138) = 138(46 + 54) = 138×100 = 13 800.　　　　　　　　(D)

4. 在图1中, x 等于(　　).

A. 40　　　B. 50　　　C. 60

D. 70　　　E. 80

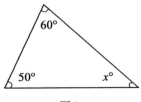

图1

1

解 $x+50+60=180$,得出 $x=70$. (D)

5. $\dfrac{1}{5}+\dfrac{5}{8}$ 等于( ).

A. $\dfrac{6}{13}$ B. 1 C. $\dfrac{17}{40}$

D. $\dfrac{6}{14}$ E. $\dfrac{33}{40}$

解 $\dfrac{1}{5}+\dfrac{5}{8}=\dfrac{8+25}{40}=\dfrac{33}{40}.$ (E)

6. 有多少个正整数能填入 $2+(3\times\square)$ 的方框中,给出的结果在 4 和 16 之间?( ).

A. 2 个 B. 3 个 C. 4 个

D. 5 个 E. 6 个

解 经计算,$2+(3\times1)=5,\cdots,2+(3\times4)=14$,$2+(3\times5)=17$,所以能填入这个方格的正整数是 1,2,3 和 4. (C)

7. 小葛要用 100 乘一个数,结果他误用 100 去除得到商为 23. 请问原正确答案应是什么?( ).

A. 230 B. 2 300 C. 23 000

D. 230 000 E. 2 300 000

解 因为他用 100 除得出 23,原数是 2 300,正确答案是

$$2\ 300\times100=230\ 000 \quad (D)$$

8. 澳大利亚国旗上有一个正七角星,每个顶点代表一个州或特区. 如图 2 所示,从该星中心 O 到 P 与 Q 之间的夹角是( ).

A. $50°$ B. $50\dfrac{3}{7}°$ C. $51\dfrac{3}{7}°$

D. $60°$　　　E. $60\frac{3}{7}°$

图2

解　$\angle POQ = \dfrac{360°}{7} = 51\frac{3}{7}°.$　　　(C)

9. 小金每周储蓄她收入的 $\dfrac{3}{4}$,如果她每周储蓄 60 元,则她每周收入的钱数是(　).

A. 20 元　　　B. 45 元　　　C. 75 元

D. 80 元　　　E. 100 元

解　设小金每周收入 x 元,则

$$60 = \left(\dfrac{3}{4}\right)x, x = \dfrac{4 \times 60}{3} = 80(元)　(D)$$

10. 在图3中,所有的角都是直角,且所有的度量按平方米计,请问这个图形的面积是多少平方米?(　).

A. 69 m²　　　B. 71 m²　　　C. 61 m²

D. 62 m²　　　E. 70 m²

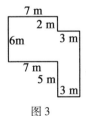

图3

解 该面积是两矩形面积的和(图4),即面积 = $7 \times 6 + 3 \times 9 = 69(m^2)$.

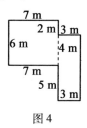

图 4

(A)

11. 悉尼奥运会入场券的一个早期预售方案是:一张可观看9项比赛的入场券要预付750澳元,且往后的12个月中每月再付228澳元. 按此方案,一项比赛的入场券平均价格最接近于( ).

A. 200 澳元　　B. 250 澳元　　C. 300 澳元

D. 350 澳元　　E. 400 澳元

解 总支付是 $750 + 12 \times 228 = 750 + 2\,736 = 3\,486$(澳元).

所以平均每项比赛入场券价格是 $\dfrac{3\,486}{9} = 387\dfrac{1}{3}$,最接近于400澳元. (E)

12. 当我制作泡沫牛奶时,所用冰淇淋是糖浆的3倍,且所用牛奶是糖浆的 $7\dfrac{1}{2}$ 倍,请问在我的泡沫牛奶中,所用牛奶是冰淇淋的多少倍?( ).

A. $2\dfrac{1}{2}$　　　　B. $22\dfrac{1}{2}$　　　　C. $10\dfrac{1}{2}$

第1章　1999年试题

D. 3　　　　E. $4\frac{1}{2}$

解　因为我用冰淇淋是糖浆的3倍而用牛奶是糖浆的 $7\frac{1}{2}$ 倍,因而所用牛奶作为冰淇淋的倍数是

$$7\frac{1}{2} \div 3 = \frac{15}{2} \div 3 = \frac{5}{2} = 2\frac{1}{2} \quad (\text{ A })$$

13. 当地垃圾掩埋场能容纳 1 000 000 m³ 的垃圾,每辆开往掩埋场的卡车运载 5 m³ 的垃圾,且每周6天每天6辆卡车开往掩埋场,该垃圾掩埋场将维持的年数大约是(　　).

A. 1 年　　　B. 3 年　　　C. 11 年
D. 25 年　　E. 100 年

解　一年大约有52周,这些卡车运载了(52×6×6×5) m³ 的垃圾,该掩埋场将维持的年数是

$$\frac{1\,000\,000}{52 \times 6 \times 6 \times 5} \approx \frac{4\,000}{36} \approx \frac{4\,000}{40} = 100$$

(　E　)

14. 图 5 中,$PQRS$ 是一直线,$\angle PQT = 60°$,$\angle SRV = 30°$,UQ 平分 $\angle TQR$,且 UR 平分 $\angle QRV$. 则 x 的值等于(　　).

A. 65　　　B. 45　　　C. 50
D. 60　　　E. 75

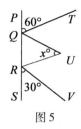

图 5

解 如图 6,设

$$\angle TQU = \angle UQR = y°$$
$$\angle URQ = \angle URV = z°$$

则 $2y + 60 = 180, y = 60$ 且 $2z + 30 = 180, z = 75$.

因此, $x + 75 + 60 = 180, x = 45$.

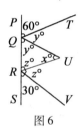

图 6

(B)

15. 数 $5,6,7,8,9$ 中,哪一个数放在 $\dfrac{19}{\Box}$ 的方框中给出的分数之值最接近于 $2\dfrac{1}{2}$?( ).

A. 5　　　　B. 6　　　　C. 7

D. 8　　　　E. 9

解 $\dfrac{19}{8} = 2.375 < 2.500 < \dfrac{19}{7} = 2.714\cdots$

因此,以 8 为分母给出的分数最接近于 $2\frac{1}{2}$.

(D)

16. 每天我都在游泳池游相同的圈数. 在游完一定圈数后,我已经完成了总数的 20%,而且再加一圈后已完成总数的 25%,请问每天我游多少圈?(   ).

A. 20 圈   B. 30 圈   C. 40 圈

D. 50 圈   E. 60 圈

解 一圈是 $(25-20)\% = 5\% = \frac{1}{20}$,所以总圈数是 20.

(A)

17. 在以下的减法式子中,某些数字用字母代表

$$\begin{array}{r} a\ 4\ b\ 7\ c \\ -\ 5\ d\ 8\ e\ 6 \\ \hline 2\ 8\ 4\ 9\ 9 \end{array}$$

哪一个字母所代表的数字的值最大?(   ).

A. a B. b C. c

D. d E. e

解 考虑减式

$$\begin{array}{r} a\ 4\ b\ 7\ c \\ -\ 5\ d\ 8\ e\ 6 \\ \hline 2\ 8\ 4\ 9\ 9 \end{array}$$

从右到左计算 c 必定是 5,$e+1+9$ 结果的最后一位数为 7,故 $e = 7.9 + 4$ 给出最后一位数是 b,故 $b = 3$. $d+1+8$ 给出最后一位数 4,故 $d = 5$. 又 $a - 6 = 2$,

故 $a = 8$. 最大的数字是 8. (A)

18. 在图 7 中, $KRTL$ 是 $11\ m \times 8\ m$ 的矩形, $LM = 4\ m$, 请问阴影区域的面积是多少平方米?( ).

A. $44\ m^2$ B. $56\ m^2$ C. $72\ m^2$
D. $48\ m^2$ E. $32\ m^2$

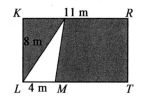

图 7

解 阴影部分的面积 = 矩形面积 – 无阴影的三角形的面积. 故所求面积 $= 8 \times 11 - \left(\dfrac{1}{2} \times 4 \times 8\right) = 72(m^2)$. (C)

19. 在一立方体的各表面上作对角线使得这些对角线的任两条无公共点. 这样的对角线最多有多少条?( ).

A. 2 条   B. 3 条   C. 4 条
D. 5 条   E. 6 条

解 一个立方体有 8 个顶点, 每条对角线有两个顶点, 所以无公共顶点的对角线的条数最多是 4 条. 现验证 4 条是能达到的, 考虑立方体 $PQRSP'Q'R'S'$(这里 $P'Q'R'S'$ 是 $PQRS$ 的平行投影)且 4 个面对角线是 PQ', QR', RS' 和 SP'. (C)

第1章　1999年试题

20. 1999年后为三个连续正整数乘积的第一个年份是(　　).

A. 2004 年　　B. 2040 年　　C. 2046 年

D. 2052 年　　E. 2184 年

解　三个连续正整数的积是在 2 000 附近.

$12^3 = 1 728$ 且 $11 \times 12 \times 13 = 1 716 < 2 000$. 而 $12 \times 13 \times 14 = 2 184 > 2 000$.　　　　　　　(E)

21. 对于数字不为0的所有三位数,计算此数本身与其数字之积的差. 这样的差数的最大值是(　　).

A. 110　　B. 270　　C. 902

D. 910　　E. 927

解　设 a,b 和 c 是一个三位数从左到右的三个数字. 考虑差数 $100a + 10b + c - abc = a(100 - bc) + 10b + c$.

因为 $b < 10$ 和 $c < 10$,我们有 $bc < 100$. 所以 $a(100 - bc) + 10b + c$ 是正的且当 a 增加时增加. 因此, $a = 9$,所以 $900 + 10b + c - 9bc$.

现在我们必须寻找 $10b + c - 9bc = 10b + c(1 - 9b)$ 的可能的最大值.

因为 $1 - 9b < 0, 10b + c(1 - 9b)$ 当 $c = 1$ 时取最大值. 这样 $10b + c(1 - 9b) = b + 1$ 且 $b = 9$.

于是这个差是 $991 - (9 \times 9 \times 1) = 910$.

(D)

22. 一个日期称为幸运的,当用数字写出时,该日期与其月份数的乘积等于该年份的最后的两位数. 例如,

31/3/1993 是幸运日,因为 $31 \times 3 = 93$. 请问 1996 年中有多少幸运日?(　　).

A. 3　　　　B. 4　　　　C. 5

D. 6　　　　E. 10

解　96 能分解因数成为 $1 \times 96, 2 \times 48, 3 \times 32, 4 \times 24, 6 \times 16$ 和 8×12. 因此,幸运日期是 24/4/1996, 16/6/1996, 12/8/1996 和 8/12/1996,共给出 4 个幸运日期. 　　　　　　　　　　　　　　(B)

23. 用 36 个 $1 \times 1 \times 1$ 的立方体来构成一个长方体. 请问能构成多少种不同的长方体?(　　).

A. 5 种　　　B. 6 种　　　C. 7 种

D. 8 种　　　E. 9 种

解　不同的尺寸是:$1 \times 1 \times 36, 1 \times 2 \times 18, 1 \times 3 \times 12, 1 \times 4 \times 9, 1 \times 6 \times 6, 2 \times 2 \times 9, 2 \times 3 \times 6$ 和 $3 \times 3 \times 4$,一共 8 种. 　　　　　　　　　　　　　　(D)

24. 将数 24,27,36,42,63,84,87 和 96 分成两组,每组四个数,使得每组中数的和之间的差尽可能的小. 请问这个差的最小值是多少?(　　).

A. 0　　　　B. 1　　　　C. 3

D. 6　　　　E. 9

解　给出的数之和是奇数. 因此我们不能将这些数分成两组使得其中一组的数之和等于另一组数之和. 所以其差不能为零. 因为每个给定数能被 3 整除,问题中的差必被 3 整除. 所以可能的最小的差至少是

3,即 $(24 + 27 + 84 + 96) - (36 + 42 + 63 + 87) = 3$.

(C)

25. 将分数 $\dfrac{n}{360}$ 约化成最简分数,其中 n 为小于 360 的正整数,请问共有多少个不同的最简分数,它的分母只有一位数?(　　).

A. 7　　　　B. 11　　　　C. 17

D. 19　　　E. 21

解 考虑 $\dfrac{n}{360} = \dfrac{m}{k}$,其中 $0 < n < 360$,这里 k 是除 1 以外的一位数.则 k 必定是 360 的除 1 以外的一位数因子.

$360 = 2^3 \times 3^2 \times 5$ 的一位数因子除 1 外有 2,3,4,5,6,8,9,这些是仅有的可能的分母.

故 $\dfrac{m}{k} = \dfrac{1}{2}, \dfrac{1}{3}, \dfrac{2}{3}, \dfrac{1}{4}, \dfrac{3}{4}, \dfrac{1}{5}, \dfrac{2}{5}, \dfrac{3}{5}, \dfrac{4}{5}, \dfrac{1}{6}, \dfrac{5}{6},$
$\dfrac{1}{8}, \dfrac{3}{8}, \dfrac{5}{8}, \dfrac{7}{8}, \dfrac{1}{9}, \dfrac{2}{9}, \dfrac{4}{9}, \dfrac{5}{9}, \dfrac{7}{9}$ 或 $\dfrac{8}{9}$,给出 21 个不同分数.

(E)

26. 三个儿童分八份同样的甜点使得每个儿童至少得一份,请问共有多少种不同的分法?(　　).

A. 21 种　　　B. 24 种　　　C. 36 种

D. 45 种　　E. 132 种

解 如果每个儿童至少得一份甜点,这八份甜点可按以下方式分:116,125,134,224 和 233.

每种方式的分法数目能排列如表1：

表1

		方法数
116	116,161,611	3
125	125,152,215,251,512,521	6
134	134,143,314,341,413,431	6
224	224,242,422	3
233	233,323,332	3
	总数	21

(A)

27. 在 △PQR 中，每边长度按厘米计是整数. 而且 PQ 比 PR 长 14 cm，而 QR 比 PR 长 30 cm. 请问 △PQR 可能的最小周长是多少厘米?(　　).

A. 44 cm　　B. 47 cm　　C. 91 cm

D. 94 cm　　E. 95 cm

解　设 $PR = x$ cm.

则 $PQ = (x+14)$ cm 而 $QR = (x+30)$ cm. 显然 $PQ + QR > PR$ 且 $PR + QR > PQ$. 所以该三角形存在当且仅当

$$PR + PQ > QR$$

所以 $x + x + 14 > x + 30, x > 16$. 所以 $x = 17$，周长是 95 cm.　　　　　　　　　　(E)

28. 具有两位数或更多位数字的数. 从左到右读出其数字，如按严格递增次序出现，则称为排序数. 例如125,14 和 239 是排序数，而 255,74 和 198 则不是. 将所有的排序数按递增次序写出，请问第 100 个排序

数是什么?(　　).

A. 389　　B. 356　　C. 269

D. 345　　E. 258

解　考虑排序两位数(表2):

表2

第一位数字	第二位数字	共计
1	2,…,9	8
2	3,…,9	7
3	4,…,9	6
4	5,…,9	5
5	6,…,9	4
6	7,…,9	3
7	8,…,9	2
8	9	1
总计		36

考虑以1开头的排序三位数(表3):

表3

第一、二位数字	第三位数字	共计
12	3,…,9	7
13	4,…,9	6
14	5,…,9	5
15	6,…,9	4
16	7,…,9	3
17	8,…,9	2
18	9	1
总计		28

以同样方式继续下去,我们完成表4:

表4

		计数
两位数		36
三位数	第一位数字	
	1	28
	2	21
	3	15
总计		100

第100个排序数因此是这些数的最后一个,即389.   (A)

29. 100人排成一列,要求他们每次都从第一人开始由1至5报数,如"1,2,3,4,5,1,2,3,4,5",所有报到"5"的人出列,如此继续下去直到最后剩下4人为止.请问最后离开的那个人的原来是排在第几位?( ).

A. 94   B. 96   C. 97

D. 98   E. 99

解 第一轮出列后,$100-20=80$ 人剩下,第二轮后,$80-16=64$ 人留下且如此继续.

从这过程,我们得到

$$100-20=80^*, 80-16=64^*, 64-12=52$$
$$52-10=42, 42-8=34, 34-6=28, 28-5=23$$
$$23-4=19, 19-3=16, 16-3=13, 13-2=11$$
$$11-2=9, 9-1=8, 8-1=7, 7-1=6, 6-1=5^*$$
$$5-1=4$$

所以,经过 17 轮后有 4 人剩下.

我们能看出在每一阶段,如果这列中最后一人出列,则该列中的人数被 5 整除,且这发生于打"＊"的那三个阶段.

于是居于第 100 位的那个人在第一轮出列,第 99 位的人在第二轮出列,且第 98 位的人最后出列. 因此最后出列的人是原来位于第 98 位的那一个.

(D)

30. 如果一个完全平方数的第十位数字是 7,可能有多少种个位数字?(　　).

A. 1 种　　　B. 2 种　　　C. 3 种

D. 4 种　　　E. 5 种

解　一个数的完全平方数的最后两位数仅依赖于该数的最后两位数字.

现在 $(10a + b)^2 = 100a^2 + 20ab + b^2$.

当从 b^2 进位带来的十位数是奇数时,以上数的十位数将只能是奇数.

这仅当 $b = 4$ 或 $b = 6$ 时发生.

在这两者之一的任一情形,个位数是 6(例如这样的一个数是 $24^2 = 576$).

(A)

第 2 章 2000 年试题

1. 1 004 - 405 等于(   ).
A. 699   B. 599   C. 509
D. 601   E. 609

解 1 004 - 405 = 599.   (B)

2. 0.4 × (0.6 + 0.4) 等于(   ).
A. 0.4   B. 0.04   C. 0.84
D. 0.44   E. 0.82

解 0.4 × (0.6 + 0.4) = 0.4 × 1 = 0.4.
(A)

3. 在图 1 中, x 的值等于(   ).
A. 113   B. 93   C. 103
D. 123   E. 67

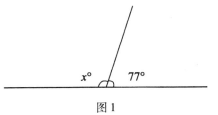

图 1

解 $x + 77 = 180, x = 180 - 77 = 103.$
(C)

4. $\dfrac{3}{4} - \dfrac{1}{2}$ 等于(   ).

A. $\dfrac{1}{3}$ B. 0   C. $\dfrac{1}{2}$

D. $\dfrac{1}{4}$ E. $\dfrac{2}{3}$

解 $\dfrac{3}{4} - \dfrac{1}{2} = \dfrac{3}{4} - \dfrac{2}{4} = \dfrac{1}{4}.$ (D)

5. 火车于 12:40 从甲地出发,到乙地需 $1\dfrac{3}{4}$ h,抵达乙地的时间为( ).

A. 13:55   B. 14:25   C. 14:35

D. 14:55   E. 15:55

解 $12:40 + 1:45 = 14:25.$ (B)

6. 在图2中,x 的值等于( ).

A. 10   B. 20   C. 30

D. 40   E. 50

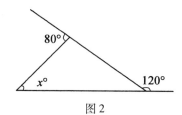

图2

解 由图3

$x + 100 + 60 = 180, x = 20$

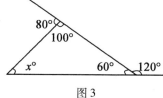

图3

(B)

7. 当从 1 000 000 000 减去 10 101 时,答案中数字 9 出现多少次?(   ).

A. 5   B. 6   C. 7

D. 8   E. 9

解
```
  1 0 0 0 0 0 0 0 0 0
-           1 0 1 0 1
  ───────────────────
    9 9 9 9 8 9 8 9 9
```

(C)

8. $\dfrac{1}{0.05}$ 等于(   ).

A. 200   B. 20   C. 5

D. $\dfrac{1}{20}$ E. 500

解 $\dfrac{1}{0.05} = \dfrac{100}{5} = 20.$ (B)

9. 以下哪一个不等于 $\dfrac{3}{4}$?(   ).

A. $\dfrac{3+3}{4+4}$ B. $\dfrac{3\times 2}{4\times 2}$ C. $\dfrac{3\div 2}{4\div 2}$

D. $\dfrac{3^2}{4^2}$ E. $\dfrac{15}{20}$

解 $\dfrac{3^2}{4^2} = \dfrac{9}{16} \neq \dfrac{3}{4}.$ 所有其他的式子等于 $\dfrac{3}{4}.$

(D)

10. 除阴影部分外,图 4 中 (9 cm × 5 cm) 长方形内的图形都是正方形. 请问阴影部分的面积是多少平方厘米?(   ).

A. 4 cm^2 B. 3 cm^2 C. 2 cm^2

D. 1.5 cm^2 E. 3.5 cm^2

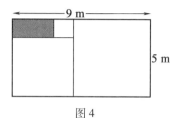

图 4

解 由于 $9 = 5 + 4$ 和 $5 = 4 + 1$. 三个正方形是 $5 \times 5, 4 \times 4$ 和 1×1 (图 5), 且 $4 = 3 + 1$, 于是阴影矩形是 $3 \times 1 = 3 (\text{cm}^2)$.

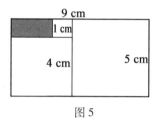

图 5

(B)

11. 81 的 3% 与以下哪个数的 9% 是相同的? ( ).

A. 27   B. 54   C. 72

D. 90   E. 243

解 81 的 3% $= \dfrac{3}{100} \times 81 = \dfrac{3 \times 3 \times 27}{100} = \dfrac{9}{100} \times 27$ 等于 27 的 9%.   (A)

12. 某星期的平均最低气温为 4°C, 首 6 天的最低气温分别为 7°C, 6°C, 2°C, 7°C, 3°C, 0°C. 则第七天的

19

最低气温为(　　).

  A. $-1°C$ B. $0°C$ C. $3°C$

  D. $4°C$ E. $7°C$

解 设第七天的温度是 $x°C$.

则 $$\frac{7+6+2+7+3+0+x}{7}=4$$

$$x+25=28$$

$$x=3 \quad (\ C\ )$$

13. 首10个正整数中,有几个能表示为两个相异质数之和?(注:1不是质数)(　　).

  A. 10   B. 9   C. 7

  D. 5   E. 4

解 $2+3=5,2+5=7,2+7=9,3+5=8$, $3+7=10,5+7>10$,故共有五个.   (D)

14. 按图6中所示的方法继续拼,请问用87根火柴棒共可以拼出多少个三角形?(　　).

  A. 29 个   B. 43 个   C. 58 个

  D. 86 个   E. 87 个

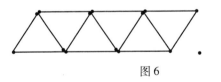

图6

解 第一个三角形需要3根火柴棒,以后每增加一个三角形需要再加2根火柴棒.

  现在 $87=3+84=3+(2\times 42)$,故有 $1+42=43$ 个三角形.   (B)

15. 如图7所示,若图形的面积为408 m²,则x的值等于( ).

A. 8 m   B. 7 m   C. 12 m
D. 17 m   E. 18 m

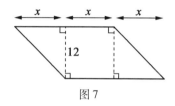

图7

解法1 图形是底为$2x$和高为12的平行四边形.于是其面积是$2x \times 12 = 24x$. 故$24x = 408, x = 17$.

(D)

解法2 图形由高为12和底为x的两个三角形和一个面积为$12x$的矩形组成,总面积为$2 \times \frac{1}{2} \times x \times 12 + 12x$,故$24x = 408, x = 17$.

16. 某社区有100幢建筑物,一位油漆工人受雇每月漆一幢建筑,他每年从1月工作到11月,12月则休假不工作.假设这些建筑物依相同的顺序轮流漆,现在某一幢建筑物于2000年8月漆过,请问该幢建筑物下一次漆将在何时?( ).

A. 2008年7月   B. 2009年9月   C. 2001年9月
D. 2011年10月 E. 2012年11月

解 油漆工人每年漆11幢建筑物,由于$99 = 9 \times 11$,刚好9年后所有其他的建筑物已被漆过. 这发生在2009年8月,所以该幢建筑物在2009年9月再次

被漆. （B）

17. 一只蚂蚁位于边长为 1 m 的正方体的一个顶点,沿着正立方体的棱边爬行,而又回到原来的顶点且不许重复经过其他的任意一个点,请问蚂蚁可爬行的最长路径是多少米?(　　).

A．4 m　　　B．6 m　　　C．7 m
D．8 m　　　E．10 m

解　一条这样的路径是 $PQVUTWRSP$,所以最大长度是 8 m(图 8).

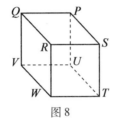

图 8

（D）

注　这种特殊类型的回路称为哈密尔顿回路,以数学家威廉·哈密尔顿(William Hamilton)命名．

18. 将一张矩形的纸张对折后再对折,剪成如图 9 的形状,然后将它展开,恢复成原来的样子,请问下列图中哪个是纸张上显示的图案?(　　).

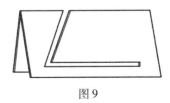

图 9

第 2 章　2000 年试题

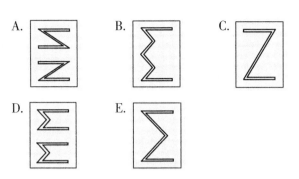

解　由于纸被对折了两次,且剪裁的部分没有到达纸张的任一外缘,所得到的剪开部分必是两个全等的图形. 展平一个折痕图形给出"$\sum$"似的形状,再展开一个折痕结果是两个这样的形状.　　(D)

注　如果折法是先上下对折再左右对折,其结果是 $\sum$ 形状的镜像,这个图形未出现在备选项中.

19. 在一次大促销中,小莎花了 143 元购买衬衫及短裤. 衬衫每件 15 元,短裤每件 17 元,请问小莎购买的衬衫及短裤的总件数是多少?(　　).

A. 10 件　　　B. 9 件　　　C. 8 件
D. 7 件　　　E. 6 件

解法 1　由于 $9 \times 15 = 135$ 和 $9 \times 17 = 153$. 小莎必定已买了 9 件服装. 现在 $143 - 135 = 8 = 4 \times 2$,因此 $143 = 5 \times 15 + 4 \times 17$,所以她买了 5 件衬衫和 4 条短裤,总计 9 件.　　　　　　　　　(B)

解法 2　保持减去 17 直到余下的数可被 15 整除,即 143,126,109,92,75. 75 可被 15 整除,所以我们有 4 条短裤和 $75 \div 15 = 5$ 件衬衫,总计 9 件.

23

20. 某次足球赛有16支队伍参加.初赛分成4组,每组4支队伍,同组的队伍互相比赛一场,每组取前两名进行淘汰赛(当某队伍输了一场即淘汰出局),以决定出冠军.请问共需要多少场比赛?( ).

A.15 场　　　B.16 场　　　C.25 场

D.31 场　　　E.32 场

解　每组有4队,他们各队间互相比赛一次,所以每队比3场,每组共比$(4×3)÷2=6$场(每场比赛中有两个队,故要除以2).

那么4组中比赛总场数是$4×6=24$.

然后每组的前两名的8队将在淘汰赛中相遇,每场淘汰一个队,所以还需要7场比赛.

于是比赛的总场数是$24+7=31$.　　　(D)

21. 有多少个不同的正整数,它们的平方是2 000的因数?( ).

A.3　　　B.6　　　C.10

D.12　　　E.20

解　$2\,000=2^4×5^3$.所以,整除2 000的数具有形如2^p5^q,其中$0⩽p⩽4$和$0⩽q⩽3$.而且2^p5^q是一个平方数当且仅当p和q是偶数,即当$p=0,2,4$和$q=0,2$.所以这些数的平方是1,4,16,25,100和400,而这些数本身是1,2,4,5,10和20.　　　(B)

22. 一家五金店贩卖作为门牌用的数字.店铺里数字3,5,8有大量的存货,而其他数字则全部售罄,请问用这些存货可以组成多少个不超过三位数的号码?( ).

A. 33 个　　　　B. 21 个　　　　C. 27 个

D. 36 个　　　　E. 39 个

解　可取的数字是 3,5 和 8.

可能的一位数号码是 3,5 和 8,即一共有 3 个.

对两位数号码,我们有第一位中 3 种可能和第二位 3 种可能,给出 $3 \times 3 = 9$ 个这样的号码.

对三位数号码,我们有第一位中 3 种可能,第二位中 3 种可能和第三位中 3 种可能,给出 $3 \times 3 \times 3 = 27$. 于是可能的门牌号码总数是 $3 + 9 + 27 = 39$. 　　(E)

23. 如图 10 所示,三个正方形以顶点相连接在一起. 图中已给出若干角的度数,请问 x 的值是多少? ( ).

A. 39　　　　B. 41　　　　C. 43

D. 44　　　　E. 46

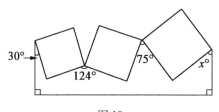

图 10

解法 1　如图 10 所围成的图形是九边形,且九边形的内角和是 $180° \times (9-2) = 1\,260°$. 于是

$x = 1\,260 - 90 - 90 - 30 - 270 -$
$\qquad 124 - 270 - 75 - 270 = 41$

(B)

解法 2　如图 11 所示,过两正方形的交点画垂直

线,且用平行线和在一点的各角之和是360°这一事实,我们能从左至右计算各角,得出 x 是41.

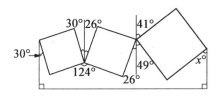

图11

解法3 内角之和是10°的倍数. 所有角度除了75°和124°之外都是10°的倍数,所以 x 的最后一位数字必是1.

24. 小明由于一周来表现良好,获得零用钱7元作为奖赏. 他打算用这笔钱在学校的小卖部购买零食,小卖部只售巧克力棒、香肠及比萨饼,它们的价钱分别是75分,1.05元与1.65元,请问小明最多能花多少钱?( ).

A. 6.50元 B. 6.75元 C. 6.90元

D. 6.95元 E. 7元

解 75分,1.05元,1.65元三个数都可被15除尽. 所以小明能花的最可能的钱数是能被15除尽的最接近于7.00元的数. 现在 $\frac{700}{15} = 46$ 余10. 所以6.90元是可能的最大钱数. 花这些钱的一个可能情形是买7个巧克力和一个比萨饼. 价格是

$$(7 \times 0.75 + 1 \times 1.65) 元 = 6.90 元$$

(C)

第2章 2000年试题

25. 有三个古董钟,它们的时针都掉了,只剩下分针,都走的较快,这三个钟每小时分别快了 2 min,6 min 及 12 min. 若在中午 12:00 将这三个钟的分针都调整指向钟面上的数字 12. 请问几小时后这三个钟的分针会指示相同的分钟数?( ).

A. 22 h B. 24 h C. 26 h
D. 28 h E. 30 h

解 设三个古董钟分别为 P,Q,R, 时钟 P 和 Q 每小时相差 4 min, 所以将于 $\frac{60}{4}=15$(h) 后和以后每 15 h 后指示同样的分数, 同样地 P 和 R 每 $\frac{60}{12-2}=6$(h) 后显示同样的分数, 而 Q 和 R 在 $\frac{60}{12-6}=10$(h) 后显示同样时间. 于是我们要求出 15,6 和 10 的最小公倍数, P,Q,R 是在 30 h 后指示同样的分数.

(E)

26. 当 2 000 被正整数 N 除时, 其余数是 5. N 的所有可能值的个数是( ).

A. 2 B. 6 C. 8
D. 13 E. 16

解法1 当 2 000 被 N 除余数是 5 时, N 必须整除 1 995 且必须大于 5. 现在 1 995 的质因数是 1 995 = $3\times 5\times 7\times 19$.

所以 N 的质数值是 7 和 19;

N 的两个(质)因数的值是

$$3\times5, 3\times7, 3\times19, 5\times7, 5\times19, 7\times19$$

N 的三个质因数的值是

$$3\times5\times7, 3\times5\times19, 3\times7\times19, 5\times7\times19$$

N 的四个质因数的值是

$$3\times5\times7\times19$$

得出 $2+6+4+1=13$ 个值. (D)

解法2 当 2 000 被 N 除余数是 5 时,N 必被 1 995 整除且必须大于 5. 现在 $1995=3\times5\times7\times19$,所以 1 995 有 16 个因数,但有三个 (1,3,5) 太小.

27. 有一笔钱要分给某班的所有学生,若每人分 7 元,则最后一位学生只能分到 5 元,若每人分 6 元,则还剩下 21 元. 请问这笔钱共有多少元?( ).

  A. 156 元   B. 157 元   C. 158 元

  D. 159 元   E. 163 元

解 设这个班的学生数是 n. 则

$$7(n-1)+5=6n+21$$

$$n=23$$

所以他们必须分的钱的总数是 $(7\times22+5)$ 元 $=$ 159 元或 $(23\times6+21)$ 元 $=159$ 元. (D)

28. 一只小猫想跳上屋顶,它首先跳上篱笆顶,接着跳上水塔,再跳上车棚顶,然后跳上阳台,最后跳上屋顶. 跳下来时,它可以任意省略中间的步骤,请问它有多少种跳下来的路径?( ).

  A. 5 种   B. 16 种   C. 15 种

  D. 8 种   E. 4 种

解 从屋顶到地面有四个中间台阶,所以从地面

以上的任何位置,该猫可以选择用或不用下一个中间台阶,即在每一情况有两种选择(除了在篱笆下,那里只有一个途径). 这给出 $2 \times 2 \times 2 \times 2 = 2^4 = 16$ 个不同途径到达地面,如图 12 树状图所示,这里每一分支再分裂成两支表示两种选择.

屋顶　　阳台　　车棚　　水塔　　篱笆　　地面

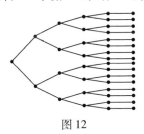

图 12

(B)

29. 小娟有 5 个盒子,第一个盒子内有两个正方形及 8 个三角形;第二个盒子内有 3 个正方形及两个三角形;第三个盒子内有 3 个正方形及 4 个三角形;第四个盒子有 4 个正方形及 3 个三角形;第五个盒子内有 5 个正方形及 4 个三角形. 在盒子中的所有正方形及三角形的边长都相同. 小娟想利用这些正方形及三角形沿着边粘贴成一些多面体. 若每一个多面体都必须由一个盒子内的全部图形所组成,请问有多少个盒子可以符合要求?( ).

A. 1 个　　　B. 2 个　　　C. 3 个

D. 4 个　　　E. 5 个

解　为了做成多面体,任两个正方形或三角形配件的两边必须粘贴在一起构成多面体的一条棱边. 所以一个盒子的配件的边的总数必须是偶数．第一盒包含32条边，第二盒包含18条边，第三盒24条边，第四盒25条边，第五盒32条．所以第四盒不能构成多面体，由于它有奇数条边．

第一盒的配件构成一个正方反棱柱，第二盒的配件构成一个三角棱柱，第三盒的配件构成一个在三角棱柱顶面上粘贴一个四面体的多面体，第五盒的配件构成一个在立方体顶面上粘贴一个正方锥的多面体．这些多面体的图形如图13：

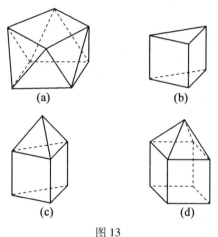

图 13

所以，有4个盒子符合要求． (D)

第3章 2001年试题

1. 37 + 41 等于( ).

A. 78 　　　　B. 88 　　　　C. 4

D. 50 　　　　E. 101

解 37 + 41 = 78. 　　　　　　　　(A)

2. 50 − (30 ÷ 5) 的值等于( ).

A. 44 　　　　B. 52 　　　　C. 4

D. −4 　　　　E. 8

解 50 − (30 ÷ 5) = 50 − 6 = 44. 　　(A)

3. 在图1中,请问所示的面积是多少平方米? ( ).

A. 5 m^2 　　　　B. 6 m^2 　　　　C. 7 m^2

D. 8 m^2 　　　　E. 10 m^2

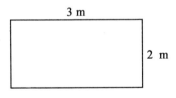

图1

解 面积 = 3 × 2 = 6(m^2). 　　　　(B)

4. 我的银行存款原有55元. 假若我提款20元,则结余为( ).

A. 30 元 B. 35 元 C. 40 元
D. 45 元 E. 75 元

解 $(55-20)$ 元 $= 35$ 元. (B)

5. 一个数的 $\frac{3}{8}$ 是 24. 则这个数是( ).

A. 8 B. 9 C. 12
D. 36 E. 64

解 设该数是 x, 则

$$\frac{3}{8}x = 24$$

$$x = \frac{24 \times 8}{3} = 64 \qquad (E)$$

6. 火车从甲地到乙地要行驶 47 min. 若火车于上午 7:27 从甲地出发,则抵达乙地的时间为( ).

A. 上午 8:24 B. 上午 8:14 C. 上午 8:04
D. 上午 7:54 E. 上午 7:47

解 上午 7:27 加 47 min 是上午 8:14. (B)

7. 在图 2 中,x 等于( ).

A. 100 B. 110 C. 120
D. 130 E. 160

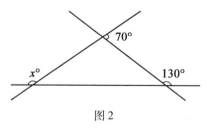

图 2

解 如图 3 所示,x 是这三角形的外角且等于不相邻两内角和,所以 $x = 110 + 50 = 160$.

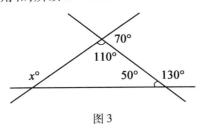

图 3

(E)

8. 我有两件衬衫和 3 条领带,它们的花色都不同,若我每次穿一件衬衫,戴一条领带,请问我有多少种不同搭配的方式?( ).

A. 5 种　　　　B. 6 种　　　　C. 7 种

D. 8 种　　　　E. 9 种

解　能穿两件衬衫中的任一件,同时可用三条领带中的任一条,总共给出 6 种组合. 　(B)

注　另一解法是学生能给出衬衫和领带的任意颜色且系统地列出所有 6 种情形.

9. 有两个点分别位于数线的 2 及 20 上. 在这两个点当中插入五个其他的点,使得这七个点中任意相邻的两点都等距,则这七个点中从左边算起第五个点位于数线上的( ).

A. 14　　　　B. 17　　　　C. 11

D. 16　　　　E. 15

解　第一点和第七点之间的距离是 $20 - 2 = 18$. 有 6 个相等的区间,所以每个区间是 3 个单位. 这些点的第五个将在 $2 + (4 \times 3) = 14$. 　(A)

10. 请问从 2 到 2 002 之间共有多少个整数可被 3 除尽?( ).

A. 665　　　　B. 666　　　　C. 667

D. 668　　　　E. 669

解 这些数是 3,6,9,…,1 998,2 001. 当被 3 除时商是 1,2,3,…,666,667.　　　　　(C)

11. 以下哪一个最接近于

$$\frac{53.1 \times 0.046}{0.002\ 1}$$

的值?( ).

A. 1　　　　B. 100　　　　C. 1 000

D. 10 000　　E. 100 000

解 $\dfrac{53.1 \times 0.046}{0.002\ 1} \approx \dfrac{50 \times 0.05}{0.002} \approx 50 \times 25 = 1\ 250.$　　　　　(C)

12. 5 个连续奇数之和等于 105,则这些数中最大的是( ).

A. 21　　　　B. 22　　　　C. 23

D. 24　　　　E. 25

解法 1 设这些数是 $n-8, n-6, n-4, n-2$ 和 n.

则 $n-8+n-6+n-4+n-2+n = 5n-20 = 105$,因而 $n = 25$.　　　　　(E)

解法 2 这 5 个数的平均数是 21,所以最大的是 25.

13. 在图 4 中,PQ 平行于 RS. x 等于( ).

A. 111　　　　B. 41　　　　C. 91
D. 121　　　　E. 131

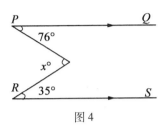

图 4

解　画一直线穿过角 $x°$ 平行于 PQ(图 5),我们得两对内错角,所以 $x = 76 + 35 = 111$.

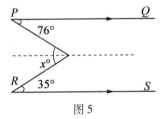

图 5

(A)

14. 某选手在首场投篮比赛中,投篮 30 次命中 12 次,因此,他的平均命中率为 40%. 第二场比赛他投篮 10 次,使得这两场比赛的平均命中率提升到 50%. 请问他在第二场比赛的 10 次投篮中命中几次?(　　).

A. 3 次　　　　B. 4 次　　　　C. 6 次
D. 8 次　　　　E. 10 次

解　设第二场的 10 次投篮命中次数是 n.

则
$$\frac{12+n}{30+10} = 50\% = \frac{1}{2}$$
$$24 + 2n = 40$$

$n = 8$ (D)

15. 50 m 长的游泳池的长度必须准确至误差小于 3 cm. 对于一场 1 500 m 的游泳竞赛,在最长可能的游泳池和在最短可能的游泳池中游泳,所游的距离相差多少米?( ).

A. 0. 45 m   B. 0. 9 m   C. 1. 8 m
D. 45 m   E. 90 m

解 游泳池最短可以是 49. 97 m,而最长可以是 50. 03 m,所以每个全程的最大差是 0. 06 m,30 个全程的差是 $30 \times 0.06 = 1.8$ (m). (C)

16. 在英国的康瓦尔(Cornish)语中,对于 200 以下的数字读法都是采取 20 进制的. 如果 147 的读音是 "*seyth ha seyth ugens*",而 49 的读音是 "*naw ha dew ugens*". 那么读音是 "*dew ha naw ugens*" 指的是哪一个数?( ).

A. 490   B. 92   C. 182
D. 184   E. 94

解 第一个例子是 7 个 20 和 7 个 1,所以 "*seyth*" 必须表示 7,且其他的词 "*ugens*" 和 "*ha*" 分别表示 1 和 20. 第二个例子中我们有两个 20 和 9 个 1,而在最后的词组中指示数字的两个词互换,所以我们必须有 9 个 20 和两个 1,且这个数是 182. (C)

17. 假若小珍以 10 km/h 的平均速度跑一段路,用了 6 min,今小华跑同样的一段路,用了 8 min,请问小华的平均速度是每小时多少千米?( ).

A. 7. 5 km   B. 7. 75 km   C. 8 km

D. 8.25 km   E. 8.5 km

解 这显然是 1 km,在 8 min 内跑 1 km 相当于每小时

$$\frac{1}{\frac{8}{60}} = \frac{60}{8} = 7.5 \text{ (km)} \qquad （\text{ A }）$$

18. $PQRS$ 是个正方形. 点 L 和点 M 分别是 PQ 和 QR 的中点. 请问图 6 中阴影部分的面积占正方形面积的几分之几?( ).

A. $\dfrac{1}{2}$ B. $\dfrac{2}{3}$ C. $\dfrac{3}{4}$

D. $\dfrac{5}{8}$ E. $\dfrac{1}{4}$

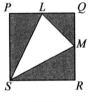

图 6

解 $S_{\triangle PLS} = S_{\triangle SMR} = $ 正方形面积的 $\dfrac{1}{4}$.

$S_{\triangle LQM} = $ 正方形面积的 $\dfrac{1}{8}$,所以阴影部分是正方形的

$$\frac{1}{4} + \frac{1}{4} + \frac{1}{8} = \frac{5}{8}$$

（ D ）

19. 有一个两位数,它是两个相异的完全平方数之

和,则这个两位数的最大值是(   ).

A. 95　　　　　B. 96　　　　　C. 97

D. 98　　　　　E. 99

解　首先注意到 $97 = 9^2 + 4^2$. 假设 $98 = a^2 + b^2$ 或 $99 = a^2 + b^2$,其中 $a > b$. 因为 $98 = 7^2 + 7^2$,我们必须有 $a = 8$ 或 $a = 9$. 现在 $8^2 + 5^2 = 89$ 和 $8^2 + 6^2 = 100$,所以 $a \neq 8$. 又有 $9^2 + 5^2 = 106$,故 $a \neq 9$. 因此最大的这样的数是 97. 　　　　　　　　　　(C)

20. 将 12 颗水果糖分给 A, B, C 三个人,每人至少分到 3 颗水果糖,请问共有多少种不同的方法?(   ).

A. 9 种　　　　B. 7 种　　　　C. 8 种

D. 10 种　　　　E. 12 种

解法 1　我们可以想象 9 颗糖已分掉,于是还有 3 颗剩下的水果糖不带限制地进行分配. 考虑这 3 颗糖的分配方式(表 1):

表 1

A	B	C	方法数
3	0	0	1
2	1 或 0	0 或 1	2
1	2,1 或 0	0,1 或 2	3
0	3,2,1 或 0	0,1,2 或 3	4

共有 10 种方法. 　　　　　　　　　　　(D)

解法 2　水果糖能分成 $3+3+6$,有 3 种方法,或分成 $3+4+5$,有 6 种方法,或分成 $4+4+4$,有 1 种方

法,共有10种方法.

21. 在图7中,$PS = PQ$ 且 $QS = QR$. 如果 $\angle SPQ = 80°$,则 $\angle QRS$ 等于(   ).

A. $10°$　　　B. $15°$　　　C. $20°$
D. $25°$　　　E. $30°$

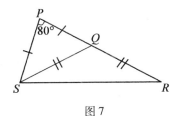

图7

解 显然,因 $\triangle PQS$ 是等腰三角形

$$\angle PSQ = \angle PQS = \frac{1}{2}(180° - 80°) = 50°$$

因此

$$\angle SQR = 180° - 50° = 130°$$

最后,因 $\triangle QRS$ 是等腰三角形,$\angle QRS = \angle QSR = \frac{1}{2}(180 - 130) = 25°.$

(D)

22. 令 $\frac{s}{t}$ 为真分数,即 $s < t$ 且为最简分数. 若 t 的值可能为2到9,s 为正整数,请问可能有多少个不同的真分数?(   ).

A. 26　　　B. 27　　　C. 28
D. 30　　　E. 36

解 对 $t = 2$ 我们有1个这样的分数: $\frac{1}{2}$;

对 $t=3$ 有两个:$\frac{1}{3}$ 和 $\frac{2}{3}$;

对 $t=4$ 有两个:$\frac{1}{4}$ 和 $\frac{3}{4}$;

对 $t=5$ 有4个:$\frac{1}{5},\frac{2}{5},\frac{3}{5}$ 和 $\frac{4}{5}$;

对 $t=6$ 有2个:$\frac{1}{6}$ 和 $\frac{5}{6}$;

对 $t=7$ 有6个:$\frac{1}{7},\frac{2}{7},\frac{3}{7},\frac{4}{7},\frac{5}{7}$ 和 $\frac{6}{7}$;

对 $t=8$ 有4个:$\frac{1}{8},\frac{3}{8},\frac{5}{8}$ 和 $\frac{7}{8}$;

对 $t=9$ 有6个:$\frac{1}{9},\frac{2}{9},\frac{4}{9},\frac{5}{9},\frac{7}{9}$ 和 $\frac{8}{9}$;

共有 27 个. (B)

23. 一辆自行车的前齿轮有52个齿,而后齿轮有18个齿,请问前齿轮至少需要转多少圈才能使前、后齿轮同时转回到最开始时的位置?( ).

A. 9 圈   B. 52 圈   C. 234 圈

D. 468 圈   E. 936 圈

解 当前齿轮转一圈时,后齿轮转 52/18 = 26/9 圈. 显然 26/9 为整数的最小倍数是 9,所以前齿轮必须转 9 次使得两齿轮都处于开始的位置. (A)

24. 考虑下列命题:令 m 为正整数,若 m 不是质数,则 $(m-2)$ 不是质数. 请问当 m 取下列哪一个值时,能证明这个命题是错的?( ).

A. 9   B. 12   C. 13

D. 16   E. 23

解 为了证明该命题是错的,m 必定不是质数,故 m 不是 13 或 23.

如果 $m=12$,则 m 不是质数且 $m-2=10$ 不是质数.故这命题是正确的.

类似地,16 和 $16-2=14$ 两者都是合数.

如果 $m=9$(不是质数),则 $m-2=7$(质数),这使得该命题错误. (A)

25. 有位爱书人将他所有的藏书每 12 本绑成一捆,则还剩下 2 本;若每 9 本绑成一捆,仍然还剩下 2 本.最后,他将所有的书每 7 本绑成一捆,正好绑完,没有多余的书,请问这位爱书人的藏书最少有多少本?( ).

A. 少于 50   B. 50 和 100 之间

C. 100 与 150 之间   D. 150 与 200 之间

E. 多于 200

解 当 12 本一捆时剩 2 本,而 9 本一捆时剩 2 本.所以可能的本数是比 9 和 12 的最小公倍数的倍数多 2,即比 36 的倍数多 2,即

$$38,74,110,146,182,218,\cdots$$

这些数中第一个被 7 整除的是 182,所以,最少有 182 本书. (D)

26. 若 x 与 y 为非负整数,请问有多少个数对 (x, y) 满足方程 $3x+4y=96$?( ).

A. 6   B. 8   C. 9

D. 10   E. 11

解法 1 $3x+4y=96$

$$3x = 96 - 4y$$
$$3x = 4(24 - y)$$

故 x 是 4 的倍数且 $y \leqslant 24$,于是 $x \leqslant \dfrac{4 \times 24}{3} = 32$.

所以,$x = 0, 4, 8, 12, 16, 20, 24, 28$ 和 32 且 $y = 24$, $21, 18, 15, 12, 9, 6, 3, 0$,共有 9 对. (C)

解法 2 $4y = 96 - 3x = 3(32 - x)$,故 $y = 3a$. 类似地,$3x = 96 - 4y = 4(27 - y)$,故 $x = 4b$, 这样 $3(4b) + 4(3a) = 96, a + b = 8$

所以,对应于 $0 \leqslant a \leqslant 8$,有 9 对.

27. 某种玩具汽车的遥控器只有一个按钮. 当按下按钮时,车子立刻停止,接着依顺时针方向旋转 $23°$,然后继续以匀速行驶. 当这辆汽车开始移动后,请问最少需要按几次遥控器的按钮才可以使这辆车驶回到最初始的地点?( ).

A. 7 次   B. 8 次   C. 10 次

D. 11 次   E. 12 次

解 为了回到其出发点,该汽车必须转的角度加在一起不小于 $180°$,且这至少要 8 次转 $23°$ 才能做到,也需要对每转之间的距离做出精确的判断(图 8).

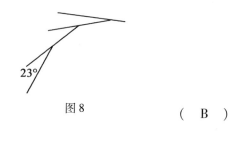

图 8   (B)

28. 用 1,2,3,4 四个数字构成 256 个不同的四位数. 数字允许被重复使用,例如 1 111 与 1 113 就是这些数之中的两个. 请问这 256 个四位数的和是多少?(   ).

　　A. 71 440　　　B. 711 040　　　C. 704 110
　　D. 700 410　　E. 741 040

解　数字 1,2,3 和 4 在各位数的第一位必出现同样的次数,即 $\frac{256}{4} = 64$(次).

在个位数中所有这样的数之和是
$$64 + 2 \times 64 + 3 \times 64 + 4 \times 64 = 10 \times 64 = 640$$
于是所有这样的四位数之和是
$$640 + (10 \times 640) + (100 \times 640) + (1\,000 \times 640)$$
$$= 1\,111 \times 640 = 711\,040 \qquad (\ B\ )$$

29. 如图 9 是一个 14 边形(有 14 个边的多边形),它有 5 个锐角,对一个 2 001 边形,若它的任意两个边除了顶点处之外并不相交于内部,请问这个多边形最多可能有多少个锐角?(   ).

　　A. 1 001　　　B. 667　　　C. 1 334
　　D. 1 335　　　E. 2 001

图 9

解　假设 k 是锐角的个数. 则 2 001 边形的内角

和小于 $k \times 90° + (2\,001 - k) \times 360°$. 但是 2 001 边形的内角和等于 $1\,999 \times 180°$. 故

$$1\,999 \times 180° < k \times 90° + (2\,001 - k) \times 360°$$

把它化简成 $3k < 4\,006$ 从而 $k \leqslant 1\,335$.

现在我们证明 $k = 1\,335$ 是可能的. 考虑两个同心圆, 一个比另一个大很多(3 倍半径是足够的).

如图 10, 设 A 是这两个圆的圆心.

设点 B_1 到 $B_{1\,334}$ 沿大圆的圆心角小于 $90°$ 的一条弧上等距分布.

设 C_0 到 C_{667} 沿小圆的对应弧等距分布, 且 C_0 在 AB_1 上, 而 C_{667} 在 $AB_{1\,334}$ 上.

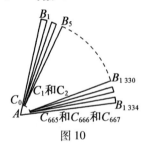

图 10

于是, 这个 2 001 边形

$$AB_1B_2C_1B_3B_4C_2B_5B_6C_3\cdots B_{1\,331}B_{1\,332}C_{666}B_{1\,333}B_{1\,334}$$

有 1 335 个锐角, 其中一个在 A 而其余的在 B_1 到 $B_{1\,334}$ 这些点. (D)

30. 数 $2\,000 = 2^4 \times 5^3$ 是由 7 个质因子相乘而得. 若 x 是大于 2 000 且是由 7 个质因子相乘而得的数中最小的一个数; y 是小于 2 000 且是由 7 个质因子相乘而得的数中最大的一个数. 请问 $x - y$ 的值是多少?

( ).

A. 100　　　　B. 64　　　　C. 280

D. 203　　　　E. 96

解　现在 $2\,000 = 2^4 \times 5^3$. 由于 $3^7 = 2\,187$, 7 个质数之积如果比它小必含 2.（事实上，因为 $2 \times 3^6 = 1\,458$ 和 $2 \times 3^5 \times 5 = 2\,430$，似乎切题的数应包含几个 2.）所以考虑接近于 $2\,000$ 的 2^4 的倍数.

	质数个数
$1\,984 = 2^4 \times 124 = 2^6 \times 31$	7
$2\,000 = 2^4 \times 125 = 2^4 \times 5^3$	7
$2\,016 = 2^4 \times 126 = 2^5 \times 3^2 \times 7$	8
$2\,032 = 2^4 \times 127$	5
$2\,048 = 2^4 \times 128 = 2^4 = 2^{11}$	11
$2\,064 = 2^4 \times 129 = 2^4 \times 3 \times 43$	6
$2\,080 = 2^4 \times 130 = 2^5 \times 5 \times 13$	7

所以答案是小于 $2\,080 - 1\,984 = 96$.

为证明这些是正确的，首先考虑 $2\,080$. 我们需要证明在 $2\,000$ 和 $2\,080$ 之间没有 7 个质数之积. 因为这样一个数必须被 2 整除，这和证明 $1\,000$ 和 $1\,040$ 之间没有 6 个质数之积是同样的. 这样一个乘积必须包含 2 或 3（因为 5^6 太大了）. 假设它不包含 2，则可能是 $3^6 = 729$ 和 $3^5 \times 5 = 1\,215$. 这两者都不适合，所以这数必须是偶数，且我们找一个五个质数之积在 500 和 520 之间. 再一次，这数必须被 2 或 3 整除. 如果不是偶数，则可能的数是 $3^5 = 243$, $3^4 \times 5 = 405$, $3^4 \times 7 = 567$, 或 $3^3 \times 5^2 = 675$，这些数都不适合，所以我们要找 4 个质数之积在 250 与 260 之间,再次,这数必须被 2 或 3 整除且可能的奇数是 $3^4 = 81, 3^3 \times 5 = 135, 3^3 \times 7 = 189,$ $3^3 \times 11 = 297, 3^2 \times 5^2 = 225$ 和 $3^2 \times 5 \times 7 = 315$,所以再一次这个积必须是偶数,且我们已经证明原来所求的积必须被 16 整除.

现在考虑 1 984. 我们现在找 7 个质数之积介于 1 984 和 2 000 之间,所以和以前一样,即找 6 个质数之积介于 992 和 1 000 之间. 如前这必是偶数,所以我们要找一个 5 个质数之积在 496 和 500 之间. 再一次这个数必是偶数,从而我们要找一个 4 个质数之积在 248 和 250 之间. 由于 $249 = 3 \times 83$,这是不可能的,因而 1 984 是正确的. 因此答案是 2 080 − 1 984 = 96. (E)

第 4 章   2002 年试题

1. 1 + 12 + 8 + 9 的值等于(   ).

A. 20   B. 21   C. 29

D. 30   E. 31

解   1 + 12 + 8 + 9 = 30.   (D)

2. 请问在"COOTAMUNDRA"这个字中有多少个不相同的英文字母?(   ).

A. 6   B. 7   C. 8

D. 9   E. 10

解   COOTAMUNDRA 有 11 个字母,但是 O 和 A 每个重复一次,所以有 9 个不同字母.   (D)

3. 在图 1 中,x 的值等于(   ).

A. 140   B. 40   C. 30

D. 50   E. 60

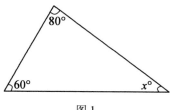

图 1

解 $x = 180 - 80 - 60 = 40$.   (B)

4. $10^3 + 10^2 + 10 + 1$ 等于(   ).

A. 1 001 B. 1 010 C. 1 011
D. 1 110 E. 1 111

解 $10^3 + 10^2 + 10 + 1 = 1\,000 + 100 + 10 + 1 = 1\,111.$ (E)

5. 1.1×0.7 等于( ).
A. 77 B. 7.7 C. 0.77
D. 0.707 E. 7.07

解 $1.1 \times 0.7 = 0.77.$ (C)

6. 两家商店出售同品牌巧克力的售价分别为 111.4 元与 94.8 元,则其售价之差为多少元?( ).
A. 17.4 元 B. 16.6 元 C. 17.6 元
D. 7.6 元 E. 15.6 元

解 这售价之差是 $111.4 - 94.8 = 16.6.$
(B)

7. 下列的图形都是由四个等面积的正方形所拼成的,请问哪一个图形的周长与其他的不同?( ).

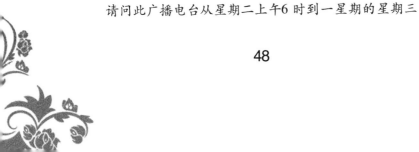

解 选项 A,B,C 和 E 每个有周长 10 单位,选项 D 有周长 8 单位.   (D)

8. 有一家广播电台计划每小时播放 4 首流行歌曲. 请问此广播电台从星期二上午 6 时到一星期的星期三

第4章 2002年试题

下午7时共播放了多少首流行歌曲?(   ).

A. 144 首   B. 96 首   C. 100 首

D. 92 首   E. 148 首

解 从星期二上午6时到星期三下午7时有 $24 + 13 = 37$ 小时,所以他们播出 $4 \times 37 = 148$ 首歌曲.

(E)

9. 在 $\dfrac{\Box}{8}$ 的 □ 内应填入以下哪个数,使此分数的值介于6和7之间(   ).

A. 36   B. 40   C. 45

D. 50   E. 60

解 为了使分数 $\dfrac{\Box}{8}$ 在6和7之间,□ 必在 $6 \times 8 = 48$ 和 $7 \times 8 = 56$ 之间,而选项中只有50在这个范围内.

(D)

10. 将一个正立方体的每一个角切除,如图2所示. 请问这个新的立体图形有多少条边?(   ).

A. 24   B. 28   C. 32

D. 36   E. 40

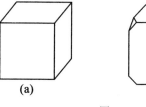

图2

解 立方体有12条边.

当每个角切割去如图2(b)所示的部分时,在8个顶点的每一个位置增加了三条额外的边,于是边数是 $12 + 8 \times 3 = 36$. (D)

11. 下列哪一个数位于 $\dfrac{1}{6}$ 和 $\dfrac{1}{10}$ 的正中间?( ).

A. $\dfrac{2}{15}$ B. $\dfrac{7}{60}$ C. $\dfrac{3}{20}$

D. $\dfrac{1}{7}$ E. $\dfrac{1}{12}$

解 $\dfrac{1}{6}$ 和 $\dfrac{1}{10}$ 的正中间是

$$\dfrac{1}{2} \times \left(\dfrac{1}{6} + \dfrac{1}{10}\right) = \dfrac{1}{2} \times \dfrac{5+3}{30} = \dfrac{4}{30} = \dfrac{2}{15}$$

(A)

12. 如图3,$PQ = 5 \text{ cm}, PS = 4 \text{ cm}, SR = 7 \text{ cm}$,且 $PQ \parallel SR$.请问四边形 $PQRS$ 的面积是多少平方厘米? ( ).

A. 20 cm²   B. 22 cm²   C. 24 cm²
D. 26 cm²   E. 28 cm²

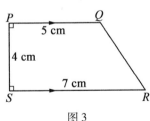

图3

解法1 我们注意到该图形是由一个面积为 $5 \times 4 = 20 (\text{cm}^2)$ 的矩形和一个面积为 $\dfrac{1}{2} \times 2 \times 4 =$

4(cm²)的三角形组成,有总面积 24 cm² (图4).

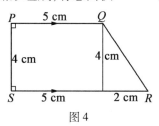

图4

(C)

解法2 梯形的面积是 $\frac{1}{2}PS(PQ+SR) = \frac{1}{2} \times 4 \times (5+7) = 24(\text{cm}^2)$.

13. 一个箱子装满时总重量为 242 kg,装半满时总重量为 188 kg. 请问空箱子净重多少千克?( ).

A. 94 kg　　　B. 268 kg　　　C. 134 kg

D. 54 kg　　　E. 108 kg

解法1 设这箱子的重量是 w kg 而负载是 l kg

$$w + l = 242 \qquad (1)$$

$$w + \frac{l}{2} = 188 \qquad (2)$$

$(2) \times 2 \qquad 2w + l = 376 \qquad (3)$

$(3) - (1) \qquad w = 376 - 242$

$\qquad\qquad\qquad = 134 \qquad$ (C)

解法2 这箱子满时重 242 kg,半满时重 188 kg,所以所容物的一半重 $242 - 188 = 54$ (kg). 所以整个所容物重 108 kg,因而箱子重 $242 - 108 = 134$ (kg).

14. 如图5所示,∠PQR 等于 138°,SQ 垂直于 QR 且 QT 垂直于 PQ. ∠SQT 是( ).

A. 42° B. 64° C. 48°
D. 24° E. 21°

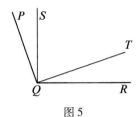

图5

解 如图6,设 $\angle PQS = x°$.

则 $\angle SQT = 90° - x°$ 且 $\angle TQR = x°$.

则 $90° + x° = 138°$,即 $x = 48$

$$\angle SQT = 90° - x° = 42°$$

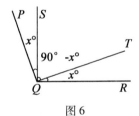

图6

(A)

15. 游艇竞赛的优胜者在 18 min 内航行了 34 km, 请问优胜者每小时的平均速度接近于多少千米? ( ).

A. 113 km   B. 96 km   C. 189 km
D. 120 km   E. 102 km

解 平均速度是

第4章 2002年试题

$$34 \div \left(\frac{18}{60}\right) = \frac{34 \times 60}{18} = \frac{340}{3} = 113\frac{1}{3}$$

(A)

16. 某只手提箱的尺寸为 70 cm × 50 cm × 30 cm. 请问此手提箱体积是多少?( ).

A. 10.5 cm³   B. 105 cm³   C. 1 050 cm³
D. 10 500 cm³   E. 105 000 cm³

解 这体积是 70 × 50 × 30 = 105 000(cm³).

(E)

17. 假若1澳元可兑换0.55美元. 一位澳大利亚旅客在美国付了200澳元买一个价值100美元的物品. 请问应该找回多少美元?( ).

A. 5 美元   B. 10 美元   C. 15 美元
D. 20 美元   E. 25 美元

解 澳大利亚旅客的钱是值 200 × 0.55 = 2 × 55 = 110(美元),所以他应得到找回的10美元.

(B)

18. 在一浅水湾海滩,对30位游客做有关安全意识的调查中,发现有20位游客只在警戒线内游泳,有18位游客戴有遮阳帽,其中有9位游客两种都有. 请问有多少位游客这两项安全意识都不具备?( ).

A. 0 人   B. 1 人   C. 2 人
D. 3 人   E. 4 人

解 我们注意到9人具有两项安全意识,11人只在警戒线内游泳,此外还有9人只戴有遮阳帽.

53

这给出 9 + 11 + 9 = 29 人至少具有一项安全意识，所以 30 - 29 = 1 人两项安全意识都不具备．

(B)

19. 有一个 24 h 制的数字钟显示的范围从 00:00 到 23:59．请问在一天中有多少次钟面显示的数出现回文数？（回文数是指这个数由正向读起来与由逆向读起来数值都相同．例如 02:20．23:32 …）( )．

A. 12 B. 16 C. 17
D. 18 E. 20

解 回文数是

00:00	10:01	20:02
01:10	11:11	21:12
02:20	12:21	22:22
03:30	13:31	23:32
04:40	14:41	
05:50	15:51	

共 16 个．

(B)

20. 假设你有 5 角，1 元及 2 元的硬币很多个．请问有多少种不同的方法可以凑成 10 元？( )．

A. 21 元 B. 36 元 C. 30 元
D. 33 元 E. 35 元

解 如表 1，考虑用 2 元硬币的不同方式，然后 1 元硬币的不同方式，且这样确定 5 角硬币数以求构成 10 元．

表1

2元硬币	1元硬币	5角硬币	方式数
5	0	0	1
4	2,1,0	剩余部分	3
3	4,3,2,1,0	剩余部分	5
2	6,5,4,3,2,1,0	剩余部分	7
1	8,7,6,5,4,3,2,1,0	剩余部分	9
0	10,9,8,7,6,5,4,3,2,1,0	剩余部分	11
		总计	36

(B)

21. 右侧这个乘式中,$PQRS$ 是一个四位数,且 P, Q, R 及 S 分别为不同的数字. 下列哪个叙述不正确? ( ).

A. $PQRS$ 可被9整除 B. $P = 1$
C. $Q = 0$ D. $R = 7$ E. $S = 9$

$$\begin{array}{r} P\ Q\ R\ S \\ \times\qquad\ \ 9 \\ \hline S\ R\ Q\ P \end{array}$$

解 数字 P 必定是1,因为 $9 \times P < 10$. 这样 S 必定是9,且 $9 \times Q$ 不能有进位,所以 $Q = 0$ (它不能是1). 然后 $9 \times R$ 必须比10的倍数小8,所以 R 是8.

显然 $R \neq 7$.

$$\begin{array}{r} 1\ 0\ 8\ 9 \\ \times\qquad\ \ 9 \\ \hline 9\ 8\ 0\ 1 \end{array}$$

(D)

22. 将一些正方形用如图 7 一样的方式填满一个矩形盒子,则我们称这些正方形可以被组装成一个"锯齿状矩形". 图 7 为一个 6×4 的锯齿状矩形,它是由 39 个大小相同的正方形所构成的. 请问一个 9×7 的锯齿状矩形内有多少个这样的正方形?( ).

A. 109 个　　　B. 111 个　　　C. 113 个

D. 115 个　　　E. 117 个

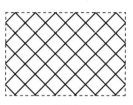

图 7

解　在右边的 6×4 情形,有每行 4 个小方格的 6 竖列,且在其中间有每行 3 个小方格的 5 竖列,总共给出 $24+15$ 个方格. 在 9×7 情形中,有 7 格的 9 竖列和 6 格的 8 竖列,共给出 $63+48=111$.

(B)

注　在一般情形对 $m\times n$ 锯齿状矩形有 $mn+(m-1)(n-1)$ 个小方格.

23. 任意给五个连续的正整数,请问下列选项中哪一个不一定成立?( ).

A. 中间的这个数等于第二个数与第四个数的平均值

B. 这五个数的和可被 5 整除

C. 这些数中至少有一个数可被 3 整除

D. 这些数中有三个数可被 2 整除

E. 中间的这个数等于第一个数与第五个数的平

第 4 章　2002 年试题

均值

解　如果第一个数是奇数,则第二个数和第四个数将是仅有的偶数,故选项 D 不正确. 所有其他命题都是正确的.　　　　　　　　　　　(D)

24. 将数字 1～9 逐一填入图 8 的方格内,使得水平方向的 5 个方格内的数字和与垂直方向的 5 个方格内的数字和相等,数字 4,7 及 9 已被填入图 8 的格子内,请问 x 可以有多少个不同的值?(　　).

A. 1　　　　B. 2　　　　C. 3
D. 4　　　　E. 5

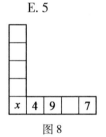

图 8

解　在行和列中的数之和是 $45+x$,因为 x 计算两次且

$$1+2+3+4+5+6+7+8+9=45$$

这样 $45+x$ 必须被 2 整除,因此 x 必是奇数.

如果 $x=1$,则两条线上必各有和 23,水平行上为 1,4,9,2 和 7,且垂直行上为 8,6,5,3 和 1,这是可能的.

如果 $x=3$,则两条线上各有和 24,水平行上为 3,4,9,1 和 7,垂直行上为 8,6,5,2 和 3,这是可能的. 如果 $x=5$,则两条线上各有和 25,因为 $5+4+9+7=25$,水平行上第五个数不能是 0,这是不可能的. x 也不能等于 7 或 9,因为这些数已经用过了.

因此，x 只有两个可能的值． (B)

25. $1+11+111+\cdots+\underbrace{111\cdots111}_{2\,002位数}$ 和的最后 5 个数是什么？( ).

A. 11012　　　B. 54321　　　C. 10101

D. 21212　　　E. 01012

解 在个位数的一竖列有 2 002 个 1，在十位数的一列有 2 001 个 1，如此继续加式如下

```
        2 0 0 2
        2 0 0 1
        2 0 0 0
        1 9 9 9
        1 9 9 8
      ⋯⋯
      ⋯⋯0 1 0 1 2
```

于是最后 5 位数是 01012． (E)

26. 将 120 个 5 分硬币排成一列，每次操作都从头开始，第一次操作将硬币两个两个一数，然后将数到二的硬币用 1 角的硬币替换；第二次操作将硬币三个三个一数，然后将数到三的硬币用 2 角的硬币替换；第三次操作将硬币四个四个一数，然后将数到四的硬币用 5 角的硬币替换；第四次操作将硬币五个五个一数，然后将数到五的硬币用 1 元的硬币替换．请问经过上述操作后这一列 120 个硬币的总值为多少元？( ).

A. 40 元　　　B. 44 元　　　C. 44.40 元

D. 46 元　　　E. 48 元

解法 1 我们开始用 120 个 5 分硬币，放置 1 角硬币后，还有 60 个剩下，放置 2 角硬币后，还有 40 个剩下，放置 5 角硬币后还有 30 个剩下（由于 5 角硬币替换

了 1 角硬币),且放 1 元硬币后(由于这 40 个中有 8 个被 5 整除),剩下 24 个 5 分硬币.

类似地,对于 1 角硬币,我们依次得到 60,40,20 和 16 个剩下;

对于 2 角硬币,我们得到 40,30,24 个剩下;

对于 5 角硬币,我们得到 30,24 个剩下;

对于 1 元硬币,我们得到 24 个.

于是总钱数按元计算是

(32 × 0.05 + 16 × 0.10 + 24 × 0.20 + 24 × 0.50 + 24 ×1) = 44.00(元)   (B)

解法 2　先放 1 元硬币,再放 5 角硬币且如此继续下去,对前面 30 个位置我们得到表 2:

表 2

位置	1	2	3	4	5	6	7	8	9	10
硬币	5分	1角	2角	5角	1元	2角	5分	5角	2角	1元
位置	11	12	13	14	15	16	17	18	19	20
硬币	5分	5角	5分	1角	1元	5角	5分	2角	5分	1元
位置	21	22	23	24	25	26	27	28	29	30
硬币	2角	1角	5分	5角	1元	1角	2角	5角	5分	1元

从 31 到 60 与从 29 开始反方向得到的模式相同,且从 61 到 120 的硬币与从 1 到 60 的硬币相同.所以,如表 3:

表 3

硬币	个数	价值
1 元	6 × 4	24.00
5 角	6 × 4	12.00
2 角	6 × 4	4.80
1 角	4 × 4	1.60
5 分	8 × 4	1.60
	总计	44.00 元

27. 请问最少需要用几片大小为 $5 \text{ cm} \times 30 \text{ cm}$ 的矩形纸片才能拼出边长之比为 $5:4$ 的大矩形?(　　).

A. 30　　　　B. 40　　　　C. 60

D. 120　　　E. 24

解　设大矩形有尺寸 $5n \times 30m$.

则 $5n:30m = 5:4$ 或 $5n:30m = 4:5$.

因此 $20m = 150m$ 或 $25n = 120m$.

亦即 $2n = 15m$ 或 $5n = 24m$.

那么 n 和 m 的最小值是 $n = 15, m = 2$ 或 $n = 24$, $m = 5$, 对应的小矩形数是 $15 \times 2 = 30$ 或 $24 \times 5 = 120$. 最小者是 30.　　　　　　　　　　　　　　　(A)

28. 一个 4×4 的反幻方是指将数 $1 \sim 16$ 填入 4×4 方格内,使得每列、每行、每条对角线上的数之和,经排序后恰好形成十个连续的正整数. 如图 9 是一个尚未完成的反幻方,请问"*"号所在方格内应填入的数是(　　).

A. 1　　　　B. 2　　　　C. 8

D. 15　　　E. 16

		*	14
	9	3	7
	12	13	5
10	11	6	4

图 9

解　最右边的一竖列和已完成的主对角线的和分别是 30 和 39,所以那十个相继数必须包含 30 到 39 的数. 左上角顶点的数必须是 8,因为 1 或 2 会使这对

角线的和太小(27 或 28 太小),且 15 或 16 会使它的和太大(41 或 42).

已知的和数是 30,31,34 和 39,而仍然要填的数是 1,2,15 和 16.

我们推断第二横行最左的数不能是 1,2 或 15,因为这些数将使这横行的和分别为 20,21 和 34. 因此,星号"*"处必须放 15,因为 1 或 2 在该位置将使得这竖列和为 23 或 24,而这两者太小.

完成的反幻方如图 10 所示.

8	1	15	14
16	9	3	7
2	12	13	5
10	11	6	4

图 10

(D)

29. 在矩形 $PQRS$ 中(图 11),$PQ=49$,$PS=100$,现将它分割为 4 900 个边长为 1 的小正方形,若 T 是 QR 上的一点,$QT=60$. 请问在这 4 900 个正方形中有多少个正方形被直线 PT 或 TS 通过其内部?( ).

A. 192　　　　B. 196　　　　C. 198

D. 200　　　　E. 202

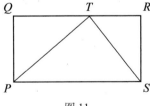

图 11

解 对于被 PT 切割其公共边的每两个正方形,将它们的中心连接起来. 由于 $PQ = 49, QT = 60$,且 49 和 60 的最大公因数是 1,直线 PT 除了点 P 和 T 之外不经过其他正方形的顶点. 所以连接被 PT 切割的正方形的中心的折线 L 开始于最接近 P 的正方形的中心,终于最接近 T 的正方形的中心,它是由长度为 1 平行于 PQ 或 QT 的线段所构成. 所以 L 由 48 条长度为 1 的沿垂线段和 59 条长度为 1 的水平线段组成.

所以 L 的长度是 $48 + 59 = 107$,由此推断出 108 个正方形被 PT 所切割,类似地 $49 + 40 - 1 = 88$ 个正方形被 TS 切割(图 12).

因此,被切割的正方形总个数是 $108 + 88 = 196$.

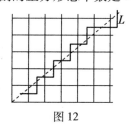

图 12

(B)

30. 已知 $1 + 2 + 3 + 45 + 6 + 78 + 9 = 144$. 若将 $1,2,3,4,5,6,7,8,9$ 中某些数字依序合并为一个数及添上加法符号,请问还有多少种其他不同的方法可以将它们组成和为 144 的等式?( ).

A. 1 种 B. 2 种 C. 3 种
D. 4 种 E. 5 种

解 包括一个三位数的最小和是
$$123 + 4 + 5 + 6 + 7 + 8 + 9 > 144$$

所以这和只包括一位数和两位数.

在两个相继数 n 和 $n+1$ 之间去掉加号增加和 $9n(10n+n+1-(n+n+1)=9n)$,例如 $3+4$ 换成 34 增加和 27,它是 3×9. 现在 $1+2+3+4+5+6+7+8+9=45$,因而为得到和 144,我们需要增加 99,即 11×9.

从给定的例子出发,$3+4$ 换成 34,再 $8+9$ 换成 89,就能做到,即得 $1+2+34+5+6+7+89=144$;

或 $1+2,3+4$ 和 $7+8$ 换成 $12,34$ 和 78 得到
$$12+34+5+6+78+9=144$$

或 $1+2,4+5$ 和 $6+7$ 换成 $12,45$ 和 67 得到
$$12+3+45+67+8+9=144$$

没有增加总和 11 个 9 的其他方法,例如在同样的等式中不可能把 $5+6$ 换成 56 且同时把 $6+7$ 换成 67.

于是另外的方法数是 3.　　　　　　　　(C)

第5章 2003年试题

1. 3 004 − 2 003 等于(　　).

A. 999　　　　B. 991　　　　C. 1 001

D. 2 001　　　E. 2 003

解 3 004 − 2 003 = 1 001.　　　　(C)

2. 以下哪一个值最接近于9?(　　).

A. 9.2　　　　B. 8.17　　　　C. 8.7

D. 9.21　　　E. 8.71

解 与9的差分别是 0.2,0.83,0.3,0.21 和 0.29.　　　　(A)

3. 如图1,∠RSQ的大小是多少度?(　　).

A. 120°　　　　B. 130°　　　　C. 140°

D. 150°　　　　E. 160°

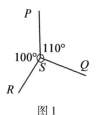

图1

解 110° + 100° + ∠RSQ = 360°,故 ∠RSQ = 360° − 210° = 150°.

(D)

4. 某地昨天早上的气温为 7℃,到了昨天下午气温为 15℃. 请问气温上升了多少 ℃?(   ).

A. 5 ℃   B. 7 ℃   C. 8 ℃
D. 10 ℃   E. 12 ℃

解 气温升高 15 ℃ - 7 ℃ = 8 ℃.   (C)

5. 在图 2 中,∠PQT 的度数是(   ).

A. 74°   B. 107°   C. 111°
D. 101°   E. 121°

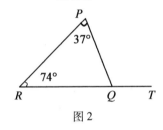

图 2

解 ∠PQT 是 △PRQ 的外角,因而等于两内角 ∠QRP 和 ∠RPQ 的和,于是 ∠PQT = 74° + 37° = 111°.   (C)

6. $\dfrac{2\,003}{20.03}$ 等于(   ).

A. 0.01   B. 100   C. 0.1
D. 1   E. 10

解 $\dfrac{2\,003}{20.03} = \dfrac{2\,003 \times 100}{2\,003} = 100.$ (B)

7. 被 4,5 和 7 整除的最小正整数是(   ).

A. 70   B. 140   C. 210
D. 280   E. 1 400

解 因为 4,5 和 7 没有公因数,它们每一个能整

除的最小正整数确切地是 $4 \times 5 \times 7 = 140$. (B)

8. 依图3所示,将一张正方形纸片沿对角线折叠两次,然后将第三个图沿虚线剪下一小角,再将纸片展开. 请问下图何者是展开后的图形?(　　)

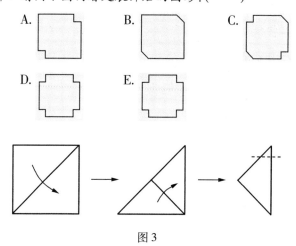

图3

解 由于这切割的结果将改变两相对的阶角,备选项C,D和E是不可能的. 现在由于这割缝是垂直于最长边(方形的一条边),当这纸展开时,割缝必定垂直于正方形的这条边,所以两小正方形从两对角割去.

(A)

注 为得到 B 中的形状,割缝必须垂直于较小边.

9. 若某数的 $\frac{1}{4}$ 等于6,则此数的 $\frac{3}{8}$ 等于(　　).

A. 6　　　　B. 8　　　　C. 9

D. 12　　　E. 15

解 因为这个数的 $\frac{1}{4}$ 是 6. 这个数是 $4 \times 6 = 24$.

所以 $\frac{3}{8} \times 24 = 3 \times 3 = 9$. (C)

10. 张老师的家距离学校的路程为 54 km. 若他驾车到学校须费时 45 min, 请问他每小时驾车的平均速度为多少千米?( ).

A. 72 km   B. 60 km   C. 48 km

D. 75 km   E. 84 km

解 张老师按平均速度每小时将行驶

$$54 \times \frac{60}{45} = 54 \times \frac{4}{3} = 72 (\text{km}) \quad (A)$$

11. 在图 4 中的数线上, 0.12 所在的位置应该在哪里?( ).

A. S 的右边   B. R 和 S 之间

C. Q 和 R 之间   D. P 和 Q 之间

E. P 的左边

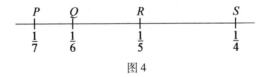

图 4

解 由于 $\frac{1}{7} \approx 0.14, \frac{1}{6} \approx 0.17, \frac{1}{5} = 0.2$ 和 $\frac{1}{4} = 0.25$, 故 0.12 必须位于 P 的左边. (E)

12. 小杰到拉脱维亚旅游, 已知拉脱维亚的货币 1 拉元等于 1.50 美元, 而 1 澳元等于 0.60 美元. 则 1 拉元等值于( ).

A.1.80 澳元　　B.2.50 澳元　　C.2.75 澳元

D.2.00 澳元　　E.3.00 澳元

解　1 拉元等值于 1.50 美元,也等于

(1.50÷0.60) 澳元 = 2.50 澳元.　　　　(B)

13. 令 30,31,32,33,34 及 36 除以 6 所得余数的和为 S. 请问 S 除以 6 的余数是多少?(　　).

A.0　　　　B.1　　　　C.2

D.3　　　　E.5

解　这些余数是 0,1,2,3,4 和 5,所以 $S = 0 + 1 + 2 + 3 + 4 + 5 = 15$,且 $15 \div 6$ 有余数 3.　(D)

注　对任意六个相继数同样正确,不仅是这个问题中给出的特殊的六个数.

14. 从上午 9:00 算起,2 003 h 后是什么时刻?(　　).

A. 晚上 11 时　　B. 晚上 8 时　　C. 上午 9 时

D. 上午 11 时　　E. 中午 12 时

解　$2\ 003 = 24 \times 83 + 11$,所以时间将是上午 9 时后 11 h,即晚上 8 时.　　　　(B)

15. 民生中学的 1 516 位学生进行投票表决变更制服样式的提案,他们只能选择投"赞成"或"反对". 结果投"赞成"票的学生比投"反对"票的学生多 1 162 人. 请问有多少位学生投"反对"票?(　　).

A.344　　　　B.254　　　　C.177

D.172　　　　E.127

解　设"反对"票数是 x. "赞成"票数是 $x + 1\ 162$.

因此 $x+x+1162=1516, 2x=354, x=177$.

(C)

16. 在图 5 中,每一个正三角形的边长都是中间那个正六边形边长的两倍. 请问正六边形的面积占六个正三角形面积总和的几分之几?(   ).

A. $\dfrac{1}{6}$ B. $\dfrac{1}{12}$ C. $\dfrac{3}{4}$

D. $\dfrac{1}{4}$ E. $\dfrac{2}{3}$

图 5

解 每个三角形包含四个边长等于六边形边长的较小等边三角形,这个六边形由六个小三角形构成(图 6).

因此正六边形的面积占六个正三角形面积总和的

$$\dfrac{6}{6\times 4}=\dfrac{1}{4}$$

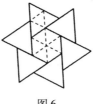

图 6

(D)

17. 用 dd/mm/yyyy（日／月／年）的形式书写日期时，像 10/02/2001 和 20/02/2002 这样的日期称为"回文日"，因为它们从左边读起与从右边读起都是一样的．请问在 2000 年之前距今最近的"回文日"，其书写的日期中所有数字之和为（　　）．

A. 26　　　　B. 32　　　　C. 16
D. 28　　　　E. 30

解　2000 年之前第一个可能的年份是 1192 年，因为其他的年份要给出某月的日期 39 或更大．该年份的前两位数字不能大于 11. 因为月份数不能大于 12，所以这日子是 29/11/1192 且数字和是 $2+9+1+1+1+1+9+2=26$.　　　　（ A ）

18. 小丽购买 4 个双球及 2 个单球的冰淇淋共付了 16 元．第二天，她又购买了 2 个双球及 4 个单球的冰淇淋，共付了 14 元．请问一个双球的冰淇淋价格是多少？（　　）．

A. 1. 50 元　　　B. 2. 00 元　　　C. 2. 50 元
D. 3. 00 元　　　E. 3. 50 元

解法 1　设一个单球冰淇淋的价格为 x 元，一个双球冰淇淋的价格为 y 元，则 $2x+4y=16$ 而 $4x+2y=14$. 第一个方程等价于 $4x+8y=32$，再减去第二个方程给出 $6y=18$，即 $y=3$.　　　　（ D ）

解法 2　注意到每个双球冰淇淋使价格增加 1 元，所以 $y=x+1$，给出 $6x+2=14$ 或 $6x+4=16$，任一方法都给出 $x=2$ 和 $y=3$.

19. 快乐大厦的供水来自雨水收集池，这个水池能

够收集到落在屋顶上 80% 的雨水. 当雨量为 25 mm 时,我们发现雨水收集池共收集到 5 000 L 的水. 请问这座大厦屋顶的面积为多少平方米?(注:1 L = 1 000 cm³)(   ).

A. 25 m² B. 2 500 m² C. 2 000 m²
D. 250 m² E. 200 m²

解 按立方米计算,1 m³ = $(100 \times 100 \times 100)$ cm³ = 1 000 000 cm³ = 1 000 L.

所以如果 A 是按立方米计算的屋顶面积,则我们有

$$(A \times 0.025) \times 0.8 = 5$$

因此 $A = \dfrac{5}{0.02} = 5 \times 50 = 250$ (D)

20. 父母带着两个小孩全家共四人欲渡河,现只有一艘只能搭载一位大人或二位小孩的小船. 请问这一家人要全部渡河,至少要划小船过河几趟?(   ).

A. 7 B. 9 C. 11
D. 13 E. 15

解 显然一开始必须由两个孩子渡河且由一个将船划回来,这是因为若一开始由一个大人渡河则这个大人必须再将船划回来,且这两次航行未改变初始情形.

故可行的渡河顺序是:两孩子渡河,一孩子回来,一大人渡河,第二个孩子回来. 故得到一个大人渡河需要 4 次航行,且对第二个大人需要另外 4 次,再加最

后一次航行使得两小孩渡河,一共给出9次.

(B)

21. 若一个三角形的任意两个边都不相等,则称之为"不规则三角形",顶点在一个正方体顶点上的所有三角形中,请问有几个是"不规则三角形"?( ).

A. 8 个 B. 18 个 C. 24 个
D. 36 个 E. 40 个

解 考虑边长为 a 的立方体 $ABCDEFGH$(图7), A 到 B 的距离是 a, A 到 D 的距离是 $\sqrt{2}a$ 且 A 到 H 的距离是 $\sqrt{3}a$. 这些是仅有的可能性,因为每个不等边三角形包含 AB 那样一条棱, AD 那样一条面对角线和 AH 那样一条长对角线.

立方体有四条长对角线,且对固定的一条如 AH, 第三个顶点可以是 B,C,D,E,F 或 G 中之一. 因此所求的不规则三角形个数是 $6 \times 4 = 24$.

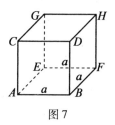

图7

(C)

22. 某次数学竞赛共有12道试题,答对者每题得8分;未作答者每题得3分;答错者每题得0分. 小威在此次竞赛中的得分是35分. 请问他在此次竞赛中最多答错几题?( ).

第5章 2003年试题

A. 1 颗   B. 8 颗   C. 11 颗

D. 2 颗   E. 7 颗

解 设 c 是答对题数而 n 是未作答案的题数. 则 $8c + 3n = 35$, 显然 c 最多是 4. 检验显示或者 $c = 4, n = 1$, 或者 $c = 1, n = 9$. 答错的最多题数将是当 $c = 4, n = 1$ 时, 且等于 $12 - 4 - 1 = 7$.   (E)

23. 将 1~15 的数不重复地排成三角阵的形式, 下图就是其中一个排成的例子.

```
              1
           6     7
          2   13   4
        5   11   3   15
      12   8   14   10   9
```

若要求所排成的三角阵各边上的数之和都相等且为最小. 请问这个最小的和是多少?(   ).

A. 20   B. 24   C. 28

D. 32   E. 36

解 由于我们要求该和数尽可能地小, 我们要放置 13, 14 和 15 在三角形内部而非边上. 而且在三个顶点上的数要计算两次, 我们要选取这些数的最小者, 即 1, 2 和 3.

这样三边的和是 $1 + 2 + 3 + \cdots + 12 + 1 + 2 + 3 = 84$. 因而如果我们能构造这样一种排列, 每边是 $84 \div 3 = 28$.

澳大利亚中学数学竞赛试题及解答(初级卷)1999—2005

一种这样的排列如下所示.

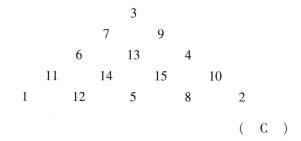

(C)

24. 小文有一个故障的计算器. 当打开电源时,屏幕上显示数字 0. 如果按下"+"键则它会加上 51;按下"−"键则它会减去 51;按下"×"键则它会加上 85;按下"÷"键则它会减去 85;而其他的按键则无效. 小文打开计算器电源,任意操作上述按键,请问他可以得到最接近 2 003 的数为何?(　　).

A. 1 989　　B. 2 001　　C. 2 002

D. 2 004　　E. 2 006

解　用这个故障的计算器能得出的数具有形如 $51a + 85b$,这里 a 和 b 是整数(可以是负数). 由于 $51 = 3 \times 17$ 和 $85 = 5 \times 17$,每一个形如 $51a + 85b$ 的数被 17 整除,最接近 2 003 的 17 的倍数是 2 006 = 17 × 118. 因为 2 006 = 236 × 51 − 118 × 85,用这计算器可能得到的最接近于 2 003 的数是 2 006.　　(E)

25. 将一个 10cm × 10cm × 10cm 的正立方体切为 1cm × 1cm × 1cm 的小正立方体. 用这些小正立方体重新粘合成为一个内部允许有空洞但表面无空洞的大正立方体,这个空心的正立方体要尽可能的大. 请问最

多能剩下多少个小正立方体没用到?( ).

A. 81　　B. 32　　C. 66
D. 125　　E. 134

解　较小立方体的个数是 $10 \times 10 \times 10 = 1\,000$.

对空心的立方体,每个面应该是一个正方形,面积接近于 $\frac{1\,000}{6} \approx 166$.

围绕 166 的可能值是 $13^2 = 169$ 和 $14^2 = 196$.

$14 \times 14 \times 14$ 的空心立方体应包含 $14^3 - 12^3 = 2\,744 - 1\,728 = 1\,016$ 个小立方体,故这不可能. $13 \times 13 \times 13$ 的空心立方体包含 $13^3 - 11^3 = 2\,197 - 1\,331 = 866$ 个小立方体,所以它是可能的最大立方体.

于是剩下的小立方体个数是 $1\,000 - 866 = 134$.

(E)

26. 小于 10 000 的数中,请问有多少个数其所有位数上的数字之积等于 84?( ).

A. 24　　B. 30　　C. 42
D. 72　　E. 84

解　没有一位或两位数使得其各位数字之积为 84.

其各位数字之积等于 84 的一个三位数的各位数字或者是 3,4,7 或 2,6,7. 因此有 $2 \times 3! = 12$ 个这样的三位数.

其各位数字之积等于 84 的四位数的各位数字是 1,3,4,7 或 1,2,6,7 或 2,2,3,7. 前两种情形的每一种有 $4! = 24$ 个这样的数. 而在第三种情形有 $4!/2 = 12$ 个这样的数.

因此,答案是 $12 + 24 + 24 + 12 = 72$. (D)

27. 在 3×3 的方格内填入数 1 到 9. 将每两个有共同边相接的格子内的数相加,得到一个和. 请问这些和最少有多少种不同的值?( ).

A. 3　　　　B. 4　　　　C. 5

D. 6　　　　E. 7

解　考虑在图 8 中有最多公共边的中央方块和它邻近的方块. 我们看出至少有 4 个不同的和. 这例子显示 4 能达到.

5	3	8
4	7	1
6	2	9

图 8

(B)

28. 如图 9,请问从点 P 最多可以依序开出多少辆汽车,使得当它们抵达点 Q 时,车子的顺序正好与从点 P 出发时的顺序相反?车子只能由左往右行驶,并且由于道路狭窄,规定不可在路上超越前面的车辆. ( ).

A. 6 辆　　　　B. 5 辆　　　　C. 8 辆

D. 4 辆　　　　E. 7 辆

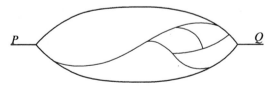

图 9

解 为计算从 P 到 Q 的不同路径数,我们发现有 6 种不同的路,图 10 中的数这显示到达一特定交点的不同路径的条数.

这表明汽车数必须小于或等于 6,由于这些汽车能经过标记黑点的位置且可以按任意次序开出,因此最多 6 辆汽车能按相反次序到达终点.

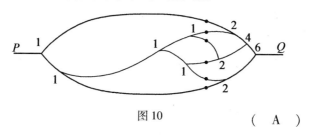

图 10　　　　　　（ A ）

第6章　2004年试题

1. 176 + 21 的值等于(　　).

  A. 187　　　　B. 188　　　　C. 197

  D. 207　　　　E. 196

  解　176 + 21 = 197.　　　　　　　　(C)

2. 在图1中,请问矩形的周长为多少厘米?(　　).

  A. 3 cm　　　　B. 4 cm　　　　C. 5 cm

  D. 6 cm　　　　E. 8 cm

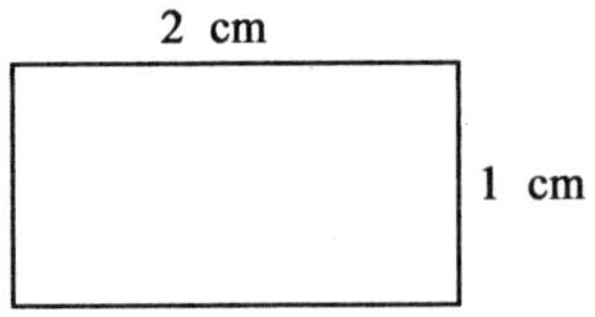

图1

  解　周长是 2 + 1 + 2 + 1 = 6.　　　　(D)

3. 教室里的每张椅子都有4条腿,现有21把椅子,请问这些椅子共有多少条腿?(　　).

  A. 84 条　　　　B. 25 条　　　　C. 80 条

  D. 97 条　　　　E. 44 条

  解　4 × 21 = 84.　　　　　　　　(A)

4. 在图 2 中，PQR 是直线，x 的值等于(   ).

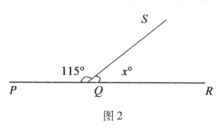

图 2

A. 65　　　　B. 75　　　　C. 55

D. 45　　　　E. 35

解　$x + 115 = 180$，故 $x = 65$.　　　　(A)

5. $\dfrac{4}{5}$ 的值最接近于(   ).

A. 0　　　　B. 1　　　　C. 2

D. 3　　　　E. 4

解　1 比任何其他整数更接近于 $\dfrac{4}{5}$.　　(B)

6. 金小姐在银行里原有 103 元存款，她进行了以下的交易：

提款 65 元

存款 79 元

提款 89 元

请问金小姐在银行最后的结余是多少元?(   ).

A. 38 元　　　　B. 28 元　　　　C. 18 元

D. 0 元　　　　E. 158 元

解　现在的结余是 $(103 - 65 + 79 - 89)$ 元 $= 28$ 元.

(B)

7. 越野赛车的冠军得主由起点到终点共费时

2 h 35 min. 假若此选手于下午1:10抵达终点,请问他于何时由起点出发?( ).

A. 上午 10:35　　B. 上午 11:25　　C. 上午 10:45
D. 上午 9:35　　E. 上午 9:45

解　下午 1:10 以前 2 h 35 min 是上午 11:10 前 35 min,即上午 10:35.　　　　　　　　　　(A)

8. 图3中,阴影部分的面积占矩形面积的几分之几?( ).

A. $\dfrac{1}{2}$　　　　B. $\dfrac{3}{4}$　　　　C. $\dfrac{3}{8}$

D. $\dfrac{5}{8}$　　　　E. $\dfrac{1}{3}$

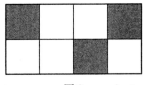

图3

解　八个相等的正方形中三个是有阴影的,所以阴影部分占 $\dfrac{3}{8}$.

(C)

9. 杂志每本的价格为1.5元,请问10元至多可以购买此杂志几本?( ).

A. 3 本　　　　B. 5 本　　　　C. 7 本
D. 6 本　　　　E. 4 本

解　6 本杂志花费 6×1.5 元 = 9.00 元,而 7 本花费 10.50 元,所以最多能买 6 本.　　　　　(D)

10. 小安步行70步的距离为50m.请问小安行走3.5km共需要走多少步?(   ).

A. 2 500 步   B. 4 900 步   C. 3 500 步
D. 3 750 步   E. 5 000 步

解 小安每50 m走70步,所以3.5 km走

$$\frac{3.5 \times 1\,000}{50} \times 70 = 70 \times 70 = 4\,900(步)$$

(B)

11. 下列哪一项是将360质因数分解后的连乘积?(   ).

A. $3^3 \times 2^2 \times 5$ B. $2^3 \times 3^2 \times 5$ C. $2^2 \times 9 \times 10$
D. $2^3 \times 5 \times 9$ E. $2^5 \times 3^2$

解 $360 = 6 \times 6 \times 10 = 2^3 \times 3^2 \times 5$.   (B)

12. 小杰一年前的体重是目前体重的 $\frac{3}{4}$. 若他去年至今的体重增加了16 kg,请问他目前的体重为多少千克?(   ).

A. 28 kg   B. 36 kg   C. 42 kg
D. 49 kg   E. 64 kg

解 16 kg是他现在的重量的 $\frac{1}{4}$,所以他现在的重量是 $4 \times 16 = 64$ (kg).   (E)

13. 从正方形 $GIJH$ 的顶边上向外侧作正三角形 FGH,如图4,则 $\angle FGJ$ 的大小是(   ).

A. 60°   B. 105°   C. 150°
D. 90°   E. 75°

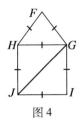

图4

解 △HFG 是等边三角形,故 ∠FGH = 60°(图5).正方形的对角线 JG 平分 ∠HGI,所以 ∠HGJ = 45°,∠FGJ = 45° + 60° = 105°.

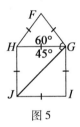

图5

(B)

14. 一位农夫购买一卡车的牧草来饲养牲口,这车牧草共有30捆.他计划每天用 $\frac{2}{3}$ 捆的牧草饲养牲口.请问这车牧草可饲养牲口多少天?(   ).

A. 36 天   B. 39 天   C. 42 天
D. 45 天   E. 48 天

解法 1 如果这农夫每天用 $\frac{2}{3}$ 捆,他在 3 天中将用两捆,所以这些干草将维持 $\frac{30}{2} \times 3 = 45$(天).

(D)

解法 2 这些干草将维持 $30 \div \frac{2}{3} = 30 \times \frac{3}{2} = 45$(天).

15. 将一些串珠依图 6 形式排成一直线. 从标有箭头的那颗珠子开始将珠子由左侧移至右侧,请问要移动多少颗珠子才能使得在左侧的黑珠子所占的比例等于在右侧的白珠子所占的比例?(　　).

A. 4　　　　B. 3　　　　C. 2
D. 1　　　　E. 0

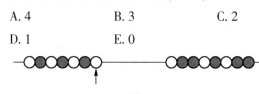

图 6

解 如表 1:

表 1

	左侧黑珠子所占比例	右侧白珠子所占比例
开始位置	$\frac{3}{7}$	$\frac{3}{8}$
第一次移动	$\frac{3}{6} = \frac{1}{2}$	$\frac{4}{9}$
第二次移动	$\frac{2}{5}$	$\frac{4}{10} = \frac{2}{5}$

所以移动两颗珠子后它们的比例相等.

(C)

16. 在 $\frac{1}{4}$ 的分子及分母同时加上一个相同的整数,使得新得到的分数是原来的三倍,请问加上的这个整数是多少?(　　).

A. 2 　　　　B. 3 　　　　C. 5

D. 8 　　　　E. 9

解　设 a 是所加的数. 则

$$\frac{1+a}{4+a} = \frac{3}{4} \text{ 或 } a = 8 \qquad (\ D\ )$$

17. 如图 7, 在 △PQR 中, ∠PST 等于 146°, $TS = TQ$ 且 $PQ = QR$. ∠PRQ 的大小是( ).

A. 54° 　　　　B. 68° 　　　　C. 73°

D. 75° 　　　　E. 80°

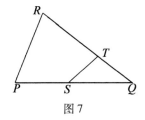

图 7

解　∠TSQ = 180° − 146° = 34°, 且由于 △TSQ 为等腰三角形, ∠TSQ = ∠TQS = 34°, 又由 PQ = QR, 故 ∠PRQ = ∠RPQ = x°, 于是 $x + x + 34 = 180$ 且 $x = 73$, 故 ∠PRQ = 73°. 　　(C)

18. 小珍在购物时发生了一件怪事. 她发现每次她购买一些东西应付的金额正好是她当时钱包内钱数的 20%. 她结账三次后钱包内还剩下 64 元. 请问在开始购物前她钱包内有多少钱?( ).

A. 160 元 　　　B. 145 元 　　　C. 130 元

D. 125 元 　　　E. 120 元

解法 1　64 是 80 的 80%, 80 是 100 的 80%, 且 100 是 125 的 80%. 　　　　　　　　　　(D)

解法 2   设小珍开始时有 x 元, 购买了第一件后剩下 $\frac{4}{5} \times x$ 元, 购买第二件后剩 $\frac{4}{5} \times \frac{4}{5} \times x$ 元, 购买第三件后剩 $\frac{4}{5} \times \frac{4}{5} \times \frac{4}{5} \times x$ 元. 所以

$$\frac{4}{5} \times \frac{4}{5} \times \frac{4}{5} x = 64$$

$$x = \frac{64}{4^3} \times 5^3$$

$$= 125$$

19. 将一个正六边形切割成三个较小的正六边形和三个全等的菱形, 如果大正六边形的面积为 $360\ cm^2$, 请问每个菱形的面积是多少平方厘米? ( ).

A. $60\ cm^2$ B. $30\ cm^2$ C. $75\ cm^2$

D. $15\ cm^2$ E. $45\ cm^2$

解   如图 8 所示, 每一较小的六边形等于 3 个菱形. 于是较大的六边形是 $(3 \times 3) + 3 = 12$ 个菱形. 所以每个菱形的面积是 $360 \div 12 = 30 (cm^2)$.

图 8

(B)

20. 小珊有 6 根互不等长的木棒, 用这 6 根木棒她

可以组成每边都有两根木棒的正三角形. 已知其中5根木棒的长度分别为25 cm,29 cm,33 cm,37 cm及41cm. 请问第6根木棒有几种可能的长度?( ).

A. 1 cm   B. 2 cm   C. 3 cm
D. 4 cm   E. 5 cm

解 有10对木棒具有以下长度:

$25+29=54, 25+33=58, 25+37=62, 29+33=62, 25+41=66, 29+37=66, 29+41=70, 33+37=70, 33+41=74$ 和 $37+41=78$.

作为等边三角形边长的仅有的可能的大小是62,66或70. 然而

$$62 = 25+37 = 29+33 = 41+21$$
$$66 = 25+41 = 29+37 = 33+33$$
$$70 = 29+41 = 33+37 = 25+45$$

这表明第六根木棒在第一种情形是21,在第三种情形是45,且第二种情形是排除的.   (B)

21. 学校的小卖部将37颗糖分装为3颗或4颗一袋,恰好分完没有剩下. 请问最多能有多少袋4颗装的糖果?( ).

A. 9袋   B. 4袋   C. 8袋
D. 6袋   E. 7袋

解 现在$9 \times 4 = 36$且$37-36$是1,它不是3的倍数.

类似地,$8 \times 4 = 32$且$37-32$是5.

$7 \times 4 = 28$且$37-28 = 9$,它是3的倍数,且这样做包含4颗糖颗的袋子的最多袋数是7.   (E)

第 6 章 2004 年试题

22. 如图 9 所示,将四个硬币放置于桌面上. 把有阴影的那个硬币紧贴另三个硬币的圆周转动,最后回到原处. 当有阴影的这个硬币绕回到原处时,请问它共转了多少度?(   ).

A. 360° B. 540° C. 720°
D. 900° E. 1 080°

图 9

解 在图 10 中当硬币由位置 1 滚动到位置 2 的过程中,位置 1 上硬币的点 Y 绕到位置 2 中的点 Y',且位置 1 中的点 X 到位置 2 中的点 X'. 所以当硬币 1 从位置 1 滚动到位置 2 时,它旋转的角度经过了 360°. 类似地,从位置 2 滚动到位置 3 时它将旋转另一个 360°,且从位置 3 滚动到位置 1 时又旋转了另一个 360°. 这就是说它滚动通过 3×360° = 1 080° 的角回到它原来的位置(且它也将有同样方向).

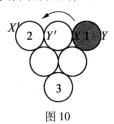

图 10

(E)

23. 有一个电子表的表面用两个数字显示"小时",用另二个数字显示"分",请问这个手表从 15:00 至 16:30 之间共有多少分钟表面上显示有数字 2?( ).

 A. 12   B. 15   C. 24

 D. 27   E. 30

解 考虑从 15:00 到 16:30 显示出数字 2 的时间,我们得到 27 个显示 2 的数字. (D)

24. 小翰在星期一、星期二、星期三及星期四说真话,而其他日子则说谎话,小德在星期一、星期五、星期六及星期日说真话,而其他日子则说谎话,某一天,他们两人都说:"昨天我说谎". 请问他们是在星期几说这句话?( ).

 A. 星期一   B. 星期三   C. 星期四

 D. 星期五   E. 星期六

解 记 T 为说真话,L 为说假话,我们得出表 2:

表 2

	星期日	星期一	星期二	星期三	星期四	星期五	星期六	星期日	……
小翰	L	T	T	T	T	L	L	L	……
小德	T	T	L	L	L	T	T	T	……

考虑陈述"昨天我说谎". 这仅当说话者当天说假话而前一天说真话(TL),或当说真话而前一天说假话(LT)时为真. 所以我们在这表中寻找每人一起有 LT 或 TL 序列,且这在星期五发生一次. (D)

25. 在图 11 的方格中,请问能找出多少个矩形?

(注意:矩形的顶点在格点上,四个边必须是方格表中的线段.)(　　).

A. 72　　　　B. 36　　　　C. 55
D. 48　　　　E. 60

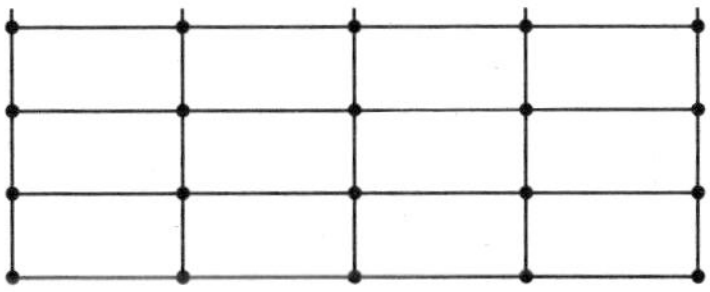

图 11

解法 1　任一矩形是由 2 个 x 坐标和两个 y 坐标配对得到矩形的四个顶点而唯一决定.

我们能从 5 个可能的 x 坐标中选两个,有 10 种方式,且我们能从 4 个 y 坐标中选两个,有 6 种方式,这给出总数 $10 \times 6 = 60$ 个矩形.　　　　　(E)

解法 2　找出以这些顶点的任一个作为其左上角的矩形个数,也就可能算出矩形个数.

图 12 第一个顶点是 12 个矩形的左上角,这样矩形总数是

$(12 + 9 + 6 + 3) + (8 + 6 + 4 + 2) +$
$(4 + 3 + 2 + 1) = 60$

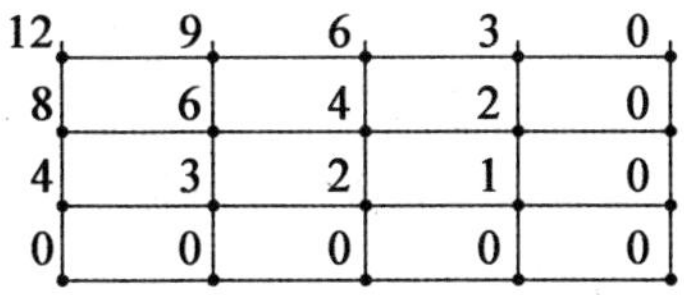

12	9	6	3	0
8	6	4	2	0
4	3	2	1	0
0	0	0	0	0

图 12

解法 3　我们能给出在给定的表格中由 1, 2,

$3,\cdots,12$ 个最小矩形组成的可能的矩形数的完全的列表(表3). 设 $f(n)$ 表示由 n 个最小矩形组成的矩形数(我们不能用 $5,7,10$ 或 11 个最小矩形组成矩形),则

表3

n	1	2	3	4	6	8	9	12
$f(n)$	12	17	10	9	7	2	2	1

这给出总共有 $12+17+10+9+7+2+2+1=60$ 个矩形.

26. 将正立体的某些角落切掉,如图 13 放置于桌上,若恰好只有两个形体是完全相同的,请问是哪两个?(   ).

A. P 和 Q B. P 和 R C. Q 和 R

D. P 和 S E. Q 和 S

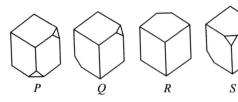

图 13

解 给定的立方体如下所示:

P 和 Q 不是一样的,由于 P 不是切去在长(或内部)对角线两端的一对角. 类似地,R 不是切去在长对角线两端的一对角,所以 Q 和 R 不是一样的. P 和 R 不是一样的,由于如果 R 已切去两个角,它们必定在同一条棱上.

由于 S 已切去三个角而 R 最多切去两个角,R 和 S

不是一样的．

如果 Q 和 S 是同样的，则 Q 的看不到的角必定已切去．但是由于 Q 有一对在长对角线两端的角已切去，S 的看不见的第四个角也要切去，所以 Q 和 S 不是一样的．

所以仅有的可能性是 P 和 S 是同样的，且在 P 的看不见的角被切去的情形，它们是同样的． (D)

27. 将整数 $1,2,3,\cdots,100$ 写在黑板上．请问至少要擦掉几个数才能使得留在黑板上全部数之积的末位数是 2？（ ）.

A. 20 个   B. 21 个   C. 22 个

D. 23 个   E. 24 个

解 如果剩下数的积是偶数．我们必须擦去所有 5 的倍数，否则最后一位数必是 0.

剩下的 80 个数都以 $1,2,3,4,6,7,8$ 或 9 结尾，每种类型有十个数．直接计算显示 $1\times2\times3\times4\times6\times7\times8\times9$ 以 6 结尾．类似地 $11\times12\times13\times14\times16\times17\times18\times19$ 也以 6 结尾．

所以全部 80 个数的乘积的最后一位数即是 6^{10} 的最后一位数，它是 6.

下一次如果我们移去数 3，则剩下的 79 个数之积的末位数是 2.

这样要擦去的数的最少个数是 21. (B)

28. 自然数 2 004 的数码和为 6．请问在 1 000 及 9 999 之间有多少个自然数其数字和为 6？（ ）.

A. 34   B. 37   C. 44

D. 56   E. 64

解 如表4：

表4

数字的可能集	四位数的个数
6,0,0,0	1
5,1,0,0	3 + 3 = 6
4,2,0,0	3 + 3 = 6
4,1,1,0	3 + 6 = 9
3,3,0,0	3
3,2,1,0	6 + 6 + 6 = 18
3,1,1,1	1 + 3 = 4
2,2,2,0	3
2,2,1,1	3 + 3 = 6
总计	56

因此，有56个这样的数．   (D)．

29. 我家所在的街道的编号一侧为奇数，另一侧为偶数．编号的方式为：假设我家是一单位的房子且编号为1号，我的隔壁若是两单位的房子，则编为3号，接下来的两栋若为一单位的房子则分别编为7号、9号，如图14所示．

图14

第6章 2004年试题

在我家所在这一侧有 $\frac{1}{4}$ 栋的房子是占地两单位的房子. 我的好友小安住在这条街道的最后一栋房子,他的家占地两单位,门牌号码为187. 请问我家所在这侧的街道上共有多少栋房子?( ).

A. 72栋　　　B. 75栋　　　C. 76栋
D. 79栋　　　E. 97栋

解 小安的房子是两单位的,如果用于两个一单位的房子,门牌编号将是187号和189号. 所以我家所在这侧的街道上房子的总单位数是

$$\frac{189+1}{2} = 95$$

由于我家所在这侧的街道上 $\frac{1}{4}$ 的房子是两单位的,如果有 x 个两单位房,则有 $3x$ 个一单位房.

于是
$$3x \times 2 + x \times 2 = 95$$
$$x = 19$$
$$3x = 57$$

所以,我家所在这侧的街道上有76栋房子.

(C)

第7章 2005年试题

1. 25 + 32 的值等于( ).

A. 89　　　　B. 57　　　　C. 35

D. 43　　　　E. 34

解　25 + 32 = 57.　　　　　　　　　(B)

2. 请问下列哪一个图形的面积最大?( ).

A.　　　　B.　　　　C.

D.　　　　E.

解　选项 A,B,C 和 D 为面积 5,而 E 为面积 6.

(E)

3. 小荷在 2005 年时正好满 8 岁,请问她是哪一年出生的?( ).

A. 1996　　　　B. 2013　　　　C. 2000

D. 1998　　　　E. 1997

解　2005 年前 8 年是 1997 年.　　　　　　(E)

4. 如图 1,∠PRQ 的大小是多少度?( ).

A. 20°　　　　B. 30°　　　　C. 40°

D. 50°　　　　E. 60°

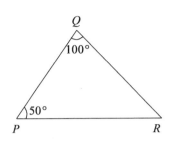

图1

解 由于三角形的内角和是180°.

$\angle PRQ = 180° - 50° - 100° = 30°$ (B)

5. 一个甜瓜重740 g,一个柠果重170 g,请问这两个水果的总重量为多少克?(   ).

A. 910 g　　　B. 800 g　　　C. 810 g

D. 570 g　　　E. 760 g

解 总重量是 $740 + 170 = 910$ (g). (A)

6. $456 + 567 - 455 - 566$ 的值等于(   ).

A. 0　　　B. 1　　　C. 2

D. 3　　　E. 4

解 $456 + 567 - 455 - 566 = 456 - 455 + 567 - 566 = 1 + 1 = 2$. (C)

7. 我购买了单价为2.5元的巧克力棒3条,同时购买了单价为1.5元的牛奶糖5包,若我付了一张20元的钞票,请问应找回多少元?(   ).

A. 3.00元　　　B. 3.50元　　　C. 4.00元

D. 4.50元　　　E. 5.00元

解 找的钱是 $(20 - 3 \times 2.50 - 5 \times 1.50)$ 元 =

$(20-7.50-7.50)$ 元 $=5.00$ 元. （ E ）

8. 在图2中,两个正方形的面积已标记在图上,则线段 PQ 的长度等于( ).

A. 2 B. 15 C. 32
D. 16 E. 130

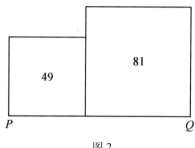

图2

解 较小正方形的边长是7单位而较大正方形的边长是9单位,故 PQ 的长度是16. （ D ）

9. 有一堂课在上午10:10下课.若这堂课共历时55 min,请问这堂课于何时开始上课?( ).

A. 上午9:15   B. 上午9:45   C. 上午9:00
D. 上午8:45   E. 上午8:30

解 上午10:10前55 min是上午9:15.

（ A ）

10. 太极拳有一招式叫"玉女穿梭",它的动作依序是先顺时针方向转180°;然后逆时针方向转90°;再顺时针方向转270°;最后再逆时针方向转90°.如果要求只要一步就转到与最终位置相同的位置,则要转动( ).

A. $0°$ B. 逆时针 $90°$ C. 顺时针 $90°$
D. 顺时针 $180°$ E. 顺时针 $135°$

解 最初两个动作等价于逆时针转 $270°$，所以第三个动作使你回到你开始时的地方，这样只有最后的动作算数． （ B ）

11. 若记号"Anne → Jane"代表"Anne 比 Jane 高"，请问依照图3的记号，谁最高？( )．

A. Ed   B. Alan   C. Mike
D. Anne   E. Jane

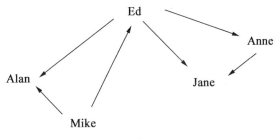

图 3

解 Ed 除 Mike 外高于每个人，Mike 高于 Ed，故最高者是 Mike． （ C ）

12. 有六个数的平均值为 4.5，若再加入两个数其总平均值仍为 4.5，请问新加入这两个数的总和是多少？( )．

A. 27   B. 9   C. 36
D. 4.5   E. 8

解 因为当再外加两个数后平均值仍保持为 4.5，这两数的平均数也必定是 4.5，因而其和是 9．
 （ B ）

13. 将七个连续整数依序排列,最小的三个数的和为 33. 请问最大的三个数的和是多少?(   ).

A. 39　　　　B. 37　　　　C. 42

D. 48　　　　E. 45

解　设三个最小的数是 $a, a+1, a+2$. 则 $a+a+1+a+2 = 33, 3a = 30$ 且 $a = 10$. 因此这些数是 10, 11, 12, 13, 14, 15, 16, 且最大三个数的和是 45.

(E)

14. 在图 4 中,正方形 $PQRS$ 的两条对角线交于点 O. 若阴影部分的面积为 16, 请问正方形的周长为多少?(   ).

A. 4　　　　B. 8　　　　C. 16

D. 32　　　　E. 64

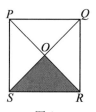

图 4

解　由于两对角线将正方形分成四个相等部分,这正方形的面积是 $4 \times 16 = 64$ 平方单位且边长是 8 单位,于是周长是 $4 \times 8 = 32$ 单位.　　(D)

15. 请问从 10 到 99 之间有多少个数其两个数字之差为 3?(   ).

A. 10 个　　　B. 11 个　　　C. 12 个

D. 13 个　　　E. 14 个

解 考虑个位数大于十位数的情形,我们得到6种情形

$$\left.\begin{matrix} 1 & 4 \\ \vdots & \vdots \\ 6 & 9 \end{matrix}\right\}6$$

考虑十位数大于个位数的情形,我们得到7种情形

$$\left.\begin{matrix} 9 & 6 \\ \vdots & \vdots \\ 3 & 0 \end{matrix}\right\}7$$

于是这样的数的个数是 $7+6=13$.   (D)

16. 将707除以一种神秘的数所得余数为5.则此神秘的数可能是( ).

A. 7   B. 8   C. 9
D. 10   E. 11

解法1 $707 \div 7$ 无余数; $707 \div 8$ 有余数3; $707 \div 9$ 有余数5; $707 \div 10$ 有余数7; $707 \div 11$ 有余数3.

(C)

解法2 $707 - 5 = 702 = 9 \times 78 = 2 \times 3^2 \times 13$ 且 7,8,9,10,11中唯一的整除702的是9.

17. 有一个袋子内有六根木棒,其长度分别为 1cm,3cm,5cm,7cm,11cm 及 13cm. 请问从中任意选取三根木棒可以组成多少个不同的三角形?( ).

A. 20   B. 11   C. 8
D. 1   E. 5

解 在任意一个三角形中,任意两边之和大于第三边,否则这三角形不存在.

因此,从最小边起考察可能的情形,我们得到可能的情形

3,5,7;3,11,13;5,7,11;5,11,13;7,11,13

给出 5 种可能性.   (E)

18. 某高中每天的上课时间由上午 8:30 至下午 3:30. 请问在这段时间内校园里的大钟的时针和分针会夹成直角几次?( ).

 A. 6 次   B. 11 次   C. 12 次

 D. 13 次   E. 14 次

解 第一次出现在上午 9 时而最后一次是下午 3 时(因为有一次接近上午 8:27,有一次接近下午 3:32.),在 9 时和 10 时之间恰只有 1 次,10 时和 11 时之间有 2 次,11 时和 12 时之间有 2 次,12 时和 1 时之间有 2 次,1 时和 2 时之间有 2 次,2 时和 3 时之间有 1 次.

因而成直角的次数是 2 + 2 + 2 + 2 + 2 + 1 + 1 = 12.   (C)

19. 一个大正立方体是由 125 个小正立方体组成. 请问有多少个小正立方体的面恰与其他四个小正立方体相交?( ).

 A. 24 个   B. 36 个   C. 48 个

 D. 64 个   E. 81 个

解 沿每条棱有三个正立方体刚好有两个面显示出来(因而有四个面和其他四个正立方体相交),如

在图 5 中标出的 3 个.

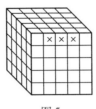

图 5

有 12 条这样的棱,所以有 $12 \times 3 = 36$ 个立方体恰与其他四个正立体相交.　　　　　(B)

20. 如图 6,在草地上用正六边形石砖铺成一条连续的路径. 将这些石砖未与其他石砖接触的每一个边都用一条木块框起来. 若铺这条路径共用 98 条木板,请问共用了多少块石砖?(　　).

A. 24 块　　　　B. 25 块　　　　C. 16 块
D. 17 块　　　　E. 49 块

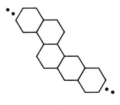

图 6

解　我们能看出每一块石砖,除两端外,有两边与其他石砖接触. 两端的每块仅有一边与另一块石砖接触,因此这两者的每一块需要 5 条木板框起来,而其他的需要 4 条木块.

于是石砖数是 $(98 - 2) \div 4 = 24$.　　(A)

21. 一本64页的杂志是用16张纸叠在一起,并沿中间对折后装订.第1,2,63及64页在同一张纸上;第31,32,33及34页也在同一张纸上,请问下列哪一页与第15页在同一张纸上?( ).

A. 14　　　　B. 47　　　　C. 48

D. 50　　　　E. 52

解　在每张纸上最小页数是奇数而最大页数是偶数,且这两数相加成65. 在这张纸上的四个页数是15,16,49,50.　　　　　　　　　(D)

22. 正整数119恰好有1,7,17及119这4个因数.请问下列哪一个数也是恰有4个因数?( ).

A. 120　　　　B. 125　　　　C. 127

D. 121　　　　E. 126

解　$120 = 2^3 \times 3 \times 5$ 有16个因数(1,2,3,4,5,6,8,10,12,15,20,24,30,40,60,120);

$125 = 5^3$ 有4个因数(1,5,25,125);

$127 = 127$(质数),故有两个因数(1,127);

$121 = 11^2$,故有3个因数(1,11,121);

$125 = 2 \times 3^2 \times 7$ 有12个因数(1,2,3,6,7,9,14,18,21,42,63,126).

推广:

如果一个数 n 有质因数 $x^p, y^q, z^r, \cdots$,则 n 的因数个数是 $(p+1) \times (q+1) \times (r+1) \times \cdots$　　　(B)

23. 点 P, Q, R 及 S 为直线上的四个相异点,其中点 Q 及点 R 位于点 P 及点 S 之间,且 $PS = 10\text{m}, QR = 3\text{m}.$

若将这四点中任两点的距离都度量出来,则这六段距离的和为(   ).

A. 33m B. 52m C. 58m

D. 60m E. 65m

解 如图7,设 $PQ = x$,则 $QR = 3$, $RS = 7 - x$ 且 $PS = 10$.

```
P       Q              R              S
|───────|──────────────|──────────────|
   x           3              7-x
```

图7

因此

$$PQ + QR + RS + PR + QS + PS$$
$$= x + 3 + (7 - x) + (x + 3) + (10 - x) + 10$$
$$= 33 \qquad\qquad (\text{A})$$

24. 如下乘式中

$$\begin{array}{r} P\ Q\ R \\ \times \qquad 3 \\ \hline Q\ Q\ Q \end{array}$$

P, Q 及 R 分别代表不同的数字,则 P, Q 及 R 的和等于(   ).

A. 16 B. 14 C. 13

D. 12 E. 10

解 注意 $111 = 3 \times 37$. 所以我们有

$$111 = 3 \times 37$$
$$222 = 3 \times 74$$
$$333 = 3 \times 111$$
$$444 = 3 \times 148$$
$$555 = 3 \times 185$$
$$666 = 3 \times 222$$
$$777 = 3 \times 259$$
$$888 = 3 \times 296$$
$$999 = 3 \times 333$$

从这里我们能看到答案中第二位数与被乘数的第二位数相同的仅有的情形是 $444 = 3 \times 148$. 所以这个数是148,且其各位数字之和是13. (C)

25. 在 3×3 方格表的格子内不重复地填入数1到9,考虑各对有共同边相接的格子内的数,请问其中一个格子内的数是另一个格子内的数的因数的格子对至多有几对?( ).

A. 7　　　　B. 8　　　　C. 9

D. 10　　　　E. 12

解　这里容易找到彼此不能整除的对数的最大个数.

考虑 5 和 7 是相邻的情形.

由于1整除所有其他的数,将1放在与其他4个方格有公共边的中央方格.

由于 5 和 7 不能整除任何其他数,它们至少与两个其他数共同具有一条边,所以最小有 3 对数彼此不

能整除.

图 8 表示最小值是能达到的.

2	4	8
6	1	7
3	9	5

图 8

现在考虑 5 和 7 每一个与 1 有公共边的情形(图 9).

5	1	7

图 9

那么其他的数具有 7 条公共边.

剩下的数 2,3,4,6,8,9 中,一个整除另一个的数对是(2,4),(2,6),(2,8),(3,6),(3,9) 和(4,8),所以至少边有另外一对数,其中一个数不能整除另一个数,给出 3 对数其中一个不能整除另一个.

所以在每种情形有 3 对数,其中一个不能整除另一个. 数对的总数是 12,因而其中一个整除另一个的最大对数是 $12 - 3 = 9$.　　　　(C)

26. 在 2004 年,二月份有 5 个星期天. 请问下次出现这种情况的年份末两位数字是什么?(　　).

A. 32　　　　B. 35　　　　C. 25

D. 50　　　　E. 60

解　在两相继的闰年间,二月一日会向前移动五天.

要使二月一日再次出现星期日,必须移动七天的倍数,所以这事将经过另外七次闰年后才会再度发生,且要直到2032年才行.2032的最后两位数字是32.

(A)

27. $lvwxyz$ 是一个六位数(其中 l 为数字1),将此数乘以3,其结果为 $vwxyz1$.请问 $v+w+x+y+z$ 的值等于多少?(   ).

A. 22   B. 23   C. 24
D. 25   E. 26

解 给定

$$\begin{array}{r} 1\ v\ w\ x\ y\ z \\ \times\qquad\qquad\quad 3 \\ \hline v\ w\ x\ y\ z\ 1 \end{array}$$

我们得出

$3 \times z$ 个位数1,即 $z = 7$

$3 \times y + 2$ 个位数7,即 $y = 5$

$3 \times x + 1$ 个位数5,即 $x = 8$

$3 \times w + 2$ 个位数8,即 $w = 2$

$3 \times v$ 个位数2,即 $v = 4$

乘式是

$$\begin{array}{r} 1\ 4\ 2\ 8\ 5\ 7 \\ \times\qquad\qquad\quad 3 \\ \hline 4\ 2\ 8\ 5\ 7\ 1 \end{array}$$

且有 $v+w+x+y+z = 26$.   (E)

28. 我有 2 cm × 1 cm × 1 cm 的砖块若干块,我打算用它们来构造一个大的积木. 当我拼到如图10的形体时,我已用尽了所有的砖块,请问我原来有多少块砖块?(   ).

A. 72　　　　B. 60　　　　C. 62
D. 50　　　　E. 52

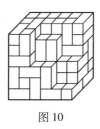

图 10

解 标记 P, Q, R 和 S 的表面是这图形的缺少砖块处的仅有的水平表面(图11). 这些表面的每一个是 2×1 且也是一块砖的大小.

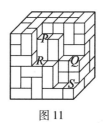

图 11

表面 P 将需要 1 块砖去提高它的表面,表面 R 需要再加 3 块砖,表面 Q 需要再加 3 块砖,而表面 S 需要再加 5 块砖,总共需要加 $1 + 3 + 3 + 5 = 12$ 块砖以完成这长方体.

现在这长方体是 $6 \times 6 \times 4 = 144 (\text{cm}^3)$ 且每块砖是 $2 \times 1 \times 1 = 2 (\text{cm}^3)$. 故整个长方体需要72块砖. 由

于我们需要再加 12 块砖去完成这长方体,我开始时有 72 − 12 = 60 块砖. (B)

29. 如图 12 所示的十边形中,在点 P 所在位置的内角是一个优角(亦称作反角). 请问在一个十边形中最多能有几个内角是优角?( ).

A. 10   B. 9   C. 8
D. 7   E. 6

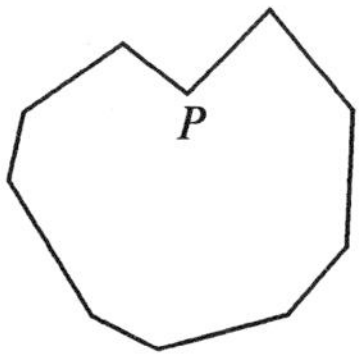

图 12

解 十边形的内角和是 $10 \times 180° - 2 \times 180° = 8 \times 180°$,所以不可能有 10 个,9 个或 8 个优角,因为这样的角之和将超过十边形的内角和.

因此优角数的一个上界是 7,且图 13 显示 7 是可能的.

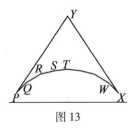

图 13

在 $Q, R, S, \cdots, W$ 有 7 个夹角. 我们现在能按这样一种方式联结 P 和 X 到一点 Y 使得我们有 3 个锐角和

7个夹角,所以夹角的最大个数是7.

推广:

用类似于上面的讨论,我们能证明有 n 条边的多边形中夹角的最大个数是 $n-3$.　　　　(D)

30. 请问在一个正立方体内有多少个锐角三角形?(三角形的顶点为正立方体的顶点?)(　　).

A. 10　　　　B. 9　　　　C. 8

D. 7　　　　E. 6

解　如图 14 所示考虑边长为 1 的立方体 ABCDPQRS.

考虑以 A 为一个顶点的三角形. 包含 A 有 3 个锐角三角形,△AQS,△ACQ 和 △ACS,每个都是边长 $\sqrt{2}$ 的等边三角形.

所有包含 A 的其他的三角形都有一直角,因而不是锐角三角形.

因此,由联结顶点构成的有 $8 \times 3 = 24$ 个锐角三角形,但是每个三角形计算了三次,于是锐角三角形的个数是 $24 \div 3 = 8$.

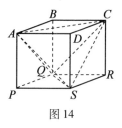

图14

(C)

31. 一个正整数等于它的四个最小的正因数的平方和,请问能整除此正整数的最大质数是什么?
( ).

A. 3 B. 5 C. 7
D. 13 E. 17

解 这正整数不能是奇数. 否则它的全部因数将是奇数,且它的四个因数的平方和是偶数,产生矛盾. 所以最小的两个因数必是 1 和 2. 下一个最小因数必是 4 或一个质数. 它不能是 4,否则该平方和将包含刚好两个奇数的平方(使它为偶数),且这两个平方数的每一个有模 4 余 1,总和将有模 4 余 2,它是一个被 2 整除但不被 4 整除的数.

这样最小的三个因数是 $1, 2$ 和一个奇质数 p,由于四个平方和是偶数,剩下的因数是 $2p$. 这样该数等于
$$1 + 4 + p^2 + 4p^2 = 5(1 + p^2)$$

因为 p 不能整除 $1 + p^2$,它必须整除(且因此等于) 5. 这数是 $5 \times 26 = 130 = 1 \times 2 \times 5 \times 13$,且因此最大质因数是 13. (D)

编辑手记

数学竞赛是一项吸引人的活动,著名数学家 M. Gardner 指出:初学者解答一个巧题时得到了快乐,数学家解决了更先进的问题时也得到了快乐,在这两种快乐之间没有很大的区别.二者都关注美丽动人之处——即支撑着所有结构的那匀称的,定义分明的,神秘的和迷人的秩序.

由于中国数学奥林匹克如同乒乓球和围棋一样在世界享有盛誉,所以有关数学竞赛的书籍也多如牛毛,但这是本工作室首次出版澳大利亚的数学竞赛题解.

澳大利亚笔者没有去过,但与之相邻的新西兰笔者去过多次,虽然新西兰也出过菲尔兹奖得主即琼斯——琼斯多项式的提出者,但整体上数学教育水平还是澳大利亚略高一筹. 以至于新西兰中小学生参加的数学竞赛还是使用澳大利亚的竞赛题目,按说从历史上看新西兰的早期移民大多是欧洲的贵族,而澳大利亚居民大多是被发配的罪犯,经过百年的历史演变可以看出社会制度的威力,这是值得我们深思的. 再一个可供我们反思的是澳大利亚慢生活的魅力. 我们近四十年来,高歌猛进,大干快上,锐意进取,岁月匆匆.

回顾历史,19 世纪的欧洲,大量的娱乐时间意味着一个人的社会地位很高:一位哲学家曾这样描述 1840 年前后巴黎文人、学士的生活——他们的时间十分富余,以至于在游乐场遛乌龟成了一件非常时髦的事情,类似的项目在澳大利亚还能找到.

摘一段《数学竞赛史话》(单墫著,广西教育出版社,1990.)中关于澳大利亚数学竞赛的介绍.

第 29 届 IMO 于 1988 年在澳大利亚首都堪培拉举行.

这一届 IMO 有 49 个国家和地区参加,选手达到 268 名. 规模之大超过以往任何一届.

这一年,恰逢澳大利亚建国 200 周年,整个 IMO 的活动在十分热烈、隆重的气氛中进行.

这是第一次在南半球举行的 IMO,也是

编辑手记

第一次在亚洲地区和太平洋沿岸地区举行的 IMO. 参赛的非欧洲国家和地区有 25 个,第一次超过了欧洲国家(24 个).

东道主澳大利亚自 1971 年开展全国性的数学竞赛,并且在 70 年代末成立了设在国家科学院之下的澳大利亚数学奥林匹克委员会,该委员会专门负责选拔和培训澳大利亚参加 IMO 的代表队. 澳大利亚各州都有一名人员参加这个委员会的工作. 澳大利亚自 1981 年起,每年都参加 IMO. IMO(物理、化学奥林匹克)的培训都在堪培拉高等教育学院进行. 澳大利亚数学会一直对这个活动给予经费与业务方面的支持和帮助. 澳大利亚 IBM 有限公司每年提供赞助.

早在 1982 年,澳大利亚数学会及一些数学界、教育界人士就提出在 1988 年庆祝该国建国 200 周年之际举办 IMO. 澳大利亚政府接受了这一建议,并确定第 29 届 IMO 为澳大利亚建国 200 周年的教育庆祝活动. 在 1984 年成立了"澳大利亚 1988 年 IMO 委员会". 委员会的成员包括政府、科学、教育、企业等各界人士. 澳大利亚为第 29 届 IMO 做了大量准备工作,政府要员也纷纷出马. 总理霍克与教育部部长为举办 IMO 所印的宣传册等写祝词. 霍克还出席了竞赛的颁奖仪式,他亲自为荣获金奖(一等奖)的 17 位中学生(包括我国的何宏宇和陈晞)颁奖,并发表了热情洋溢的讲话.竞赛期间澳大利亚国土部部长在国会大厦为各国领队举行了招待会,国家科学院院长也举办了鸡尾酒会.竞赛结束时,教育部部长设宴招待所有参加IMO的人员.澳大利亚数学界的教授、学者也做了大量的组织接待及业务工作,为这届IMO作出了巨大的贡献.竞赛地点在堪培拉高等教育学院.组织者除了堪培拉的活动外,还安排了各代表队在悉尼的旅游.澳大利亚IBM公司将这届IMO列为该公司1988年的14项工作之一,它是这届IMO的最大的赞助商.

竞赛的最高领导机构是"澳大利亚1988年IMO委员会",由23人组成(其中有7位教授,4位博士).主席为澳大利亚科学院院士、亚特兰大大学的波茨(R. Potts)教授.在1984年至1988年期间,该委员会开过3次会来确定组织机构、组织方案、经费筹措等重大问题.在1984年的会议上决定成立"1988年IMO组织委员会",负责具体的组织工作.

组委会共有13人(其中有3位教授,4位博士),主席为堪培拉高等教育学院的奥哈伦(P. J. O'Halloran)先生,波茨教授也是组委会委员.

编辑手记

组委会下设6个委员会.

1. 学术委员会

主席由组委会委员、新南威尔士大学的戴维·亨特(D. Hunt)博士担任.下设两个委员会:

(1)选题委员会.由6人组成(包括3位教授,1位副教授和1位博士.其中有两位为科学院院士).该委员会负责对各国提供的赛题进行审查、挑选,并推荐其中的一些题目给主试委员会讨论.

(2)协调委员会.由主任协调员1人,高级协调员6人(其中有两位教授,1位副教授,1位博士),协调员33人(其中有5位副教授,18位博士)组成.协调员中有5位曾代表澳大利亚参加IMO并获奖.协调委员会负责试卷的评分工作:分为6个组,每组在1位高级协调员的领导下核定一道试题的评分.

2. 活动计划委员会

该委员会有70人左右,负责竞赛期间各代表队的食宿、交通、活动等后勤工作.给每个代表队配备1位向导.向导身着印有IMO标记的统一服装.各队如有什么要求或问题均可通过向导反映.IMO的一切活动也由向导传送到各代表队.

3. 信息委员会

负责竞赛前及竞赛期间的文件的编印,

准备奖品和证书等.

4. 礼仪委员会

负责澳大利亚政府为 1988 年 IMO 组织的庆典仪式、宴会等活动. 由内阁有关部门、澳大利亚数学基金会、首都特区教育部门、一些院校及社会公益部门的人员组成.

5. 财务委员会

负责这届 IMO 的财务管理. 由两位博士分别担任主席和顾问,一位教授任司库.

6. 主试委员会(Jury,或译为评审委员会)

由澳大利亚数学界人士和各国或地区领队组成. 主席为波茨教授. 别设副主席、翻译、秘书各 1 位.

主试委员会为 IMO 的核心. 有关竞赛的任何重大问题必须经主试委员会表决通过后才能施行,所以主席必须是数学界的权威人士,办事果断并具有相当的外交经验.

以上 6 个委员会共约 140 人,有些人身兼数职. 各机构职能分明又互相配合.

这届竞赛活动于 1988 年 7 月 9 日开始. 各代表队在当日抵达悉尼并于当日去新南威尔士大学报到. 领队报到后就离开代表队住在另一个宾馆,并于 11 日去往堪培拉. 各代表队在副领队的带领下由澳大利亚方面安排在悉尼参观游览,14 日去往堪培拉,住

在堪培拉高等教育学院.

领队抵达堪培拉后,住在澳大利亚国立大学,参加主试委员会,确定竞赛试题,译成本国文字.在竞赛的第二天(16 日)领队与本国或本地区代表队汇合,并与副领队一起批阅试卷.

竞赛在 15、16 日两天上午进行,从 8:30 开始,有 15 个考场,每个考场有 17 至 18 名学生.同一代表队的选手分布在不同的考场.比赛的前半小时(8:30 - 9:00)为学生提问时间.每个学生有三张试卷,一题一张;又有三张专供提问的纸,也是一题一张.试卷和问题纸上印有学生的编号和题号.学生将问题写在问题纸上由传递员传送.此时领队们在距考场不远的教室等候.学生所提问题由传递员首先送给主试委员会主席过目后,再交给领队.领队必须将学生所提问题译成工作语言当众宣读,由主试委员会决定是否应当回答.领队的回答写好后,必须当众宣读,经主试委员会表决同意后,再由传递员送给学生.

阅卷的结果及时公布在记分牌上.各代表队的成绩如何,一目了然.

根据中国香港代表队的建议,第 29 届 IMO 首次设立了荣誉奖,颁发给那些虽然未能获得一、二、三等奖,但至少有一道题得到满分的选手.于是有 26 个代表队的 33 名选手获得了荣誉奖,其中有 7 个代表队是没有获得一、二、三等奖的.设置荣誉奖的做法,显然有利于调动更多国家或地区、更多选手的积极性.

在整个竞赛期间,澳大利亚工作人员认真负责,彬彬有礼,效率之高令人赞叹!

为了表达对大家的感谢,荷兰领队 J. Noten boom 教授完成了一件奇迹般的工作,他用 200 个高脚玻璃杯组成了一个大球(非常优美的数学模型!),在告别宴会上赠给组委会主席奥哈伦教授.

单墫教授当年在这本著作出版后即赠了一本给笔者,二十多年过去了,这本书仍留在笔者的案头上,听说最近又要再版了.

寥寥数语,是以为记.

刘培杰

2019.2.21

于哈工大

刘培杰数学工作室
已出版(即将出版)图书目录——初等数学

书　名	出版时间	定　价	编号
新编中学数学解题方法全书(高中版)上卷(第2版)	2018—08	58.00	951
新编中学数学解题方法全书(高中版)中卷(第2版)	2018—08	68.00	952
新编中学数学解题方法全书(高中版)下卷(一)(第2版)	2018—08	58.00	953
新编中学数学解题方法全书(高中版)下卷(二)(第2版)	2018—08	58.00	954
新编中学数学解题方法全书(高中版)下卷(三)(第2版)	2018—08	68.00	955
新编中学数学解题方法全书(初中版)上卷	2008—01	28.00	29
新编中学数学解题方法全书(初中版)中卷	2010—07	38.00	75
新编中学数学解题方法全书(高考复习卷)	2010—01	48.00	67
新编中学数学解题方法全书(高考真题卷)	2010—01	38.00	62
新编中学数学解题方法全书(高考精华卷)	2011—03	68.00	118
新编平面解析几何解题方法全书(专题讲座卷)	2010—01	18.00	61
新编中学数学解题方法全书(自主招生卷)	2013—08	88.00	261
数学奥林匹克与数学文化(第一辑)	2006—05	48.00	4
数学奥林匹克与数学文化(第二辑)(竞赛卷)	2008—01	48.00	19
数学奥林匹克与数学文化(第二辑)(文化卷)	2008—07	58.00	36′
数学奥林匹克与数学文化(第三辑)(竞赛卷)	2010—01	48.00	59
数学奥林匹克与数学文化(第四辑)(竞赛卷)	2011—08	58.00	87
数学奥林匹克与数学文化(第五辑)	2015—06	98.00	370
世界著名平面几何经典著作钩沉——几何作图专题卷(上)	2009—06	48.00	49
世界著名平面几何经典著作钩沉——几何作图专题卷(下)	2011—01	88.00	80
世界著名平面几何经典著作钩沉(民国平面几何老课本)	2011—03	38.00	113
世界著名平面几何经典著作钩沉(建国初期平面三角老课本)	2015—08	38.00	507
世界著名解析几何经典著作钩沉——平面解析几何卷	2014—01	38.00	264
世界著名数论经典著作钩沉(算术卷)	2012—01	28.00	125
世界著名数学经典著作钩沉——立体几何卷	2011—02	28.00	88
世界著名三角学经典著作钩沉(平面三角卷Ⅰ)	2010—06	28.00	69
世界著名三角学经典著作钩沉(平面三角卷Ⅱ)	2011—01	38.00	78
世界著名初等数论经典著作钩沉(理论和实用算术卷)	2011—07	38.00	126
发展你的空间想象力	2017—06	38.00	785
走向国际数学奥林匹克的平面几何试题诠释(上、下)(第1版)	2007—01	68.00	11,12
走向国际数学奥林匹克的平面几何试题诠释(上、下)(第2版)	2010—02	98.00	63,64
平面几何证明方法全书	2007—08	35.00	1
平面几何证明方法全书习题解答(第1版)	2005—10	18.00	2
平面几何证明方法全书习题解答(第2版)	2006—12	18.00	10
平面几何天天练上卷·基础篇(直线型)	2013—01	58.00	208
平面几何天天练中卷·基础篇(涉及圆)	2013—01	28.00	234
平面几何天天练下卷·提高篇	2013—01	58.00	237
平面几何专题研究	2013—07	98.00	258

刘培杰数学工作室
已出版(即将出版)图书目录——初等数学

书　　名	出版时间	定　价	编号
最新世界各国数学奥林匹克中的平面几何试题	2007—09	38.00	14
数学竞赛平面几何典型题及新颖解	2010—07	48.00	74
初等数学复习及研究(平面几何)	2008—09	58.00	38
初等数学复习及研究(立体几何)	2010—06	38.00	71
初等数学复习及研究(平面几何)习题解答	2009—01	48.00	42
几何学教程(平面几何卷)	2011—03	68.00	90
几何学教程(立体几何卷)	2011—07	68.00	130
几何变换与几何证题	2010—06	88.00	70
计算方法与几何证题	2011—06	28.00	129
立体几何技巧与方法	2014—04	88.00	293
几何瑰宝——平面几何500名题暨1000条定理(上、下)	2010—07	138.00	76,77
三角形的解法与应用	2012—07	18.00	183
近代的三角形几何学	2012—07	48.00	184
一般折线几何学	2015—08	48.00	503
三角形的五心	2009—06	28.00	51
三角形的六心及其应用	2015—10	68.00	542
三角形趣谈	2012—08	28.00	212
解三角形	2014—01	28.00	265
三角学专门教程	2014—09	28.00	387
图天下几何新题试卷.初中(第2版)	2017—11	58.00	855
圆锥曲线习题集(上册)	2013—06	68.00	255
圆锥曲线习题集(中册)	2015—01	78.00	434
圆锥曲线习题集(下册·第1卷)	2016—10	78.00	683
圆锥曲线习题集(下册·第2卷)	2018—01	98.00	853
论九点圆	2015—05	88.00	645
近代欧氏几何学	2012—03	48.00	162
罗巴切夫斯基几何学及几何基础概要	2012—07	28.00	188
罗巴切夫斯基几何学初步	2015—06	28.00	474
用三角、解析几何、复数、向量计算解数学竞赛几何题	2015—03	48.00	455
美国中学几何教程	2015—04	88.00	458
三线坐标与三角形特征点	2015—04	98.00	460
平面解析几何方法与研究(第1卷)	2015—05	18.00	471
平面解析几何方法与研究(第2卷)	2015—06	18.00	472
平面解析几何方法与研究(第3卷)	2015—07	18.00	473
解析几何研究	2015—01	38.00	425
解析几何学教程.上	2016—01	38.00	574
解析几何学教程.下	2016—01	38.00	575
几何学基础	2016—01	58.00	581
初等几何研究	2015—02	58.00	444
十九和二十世纪欧氏几何学中的片段	2017—01	58.00	696
平面几何中考.高考.奥数一本通	2017—07	28.00	820
几何学简史	2017—08	28.00	833
四面体	2018—01	48.00	880
平面几何证明方法思路	2018—12	68.00	913
平面几何图形特性新析.上篇	2019—01	68.00	911
平面几何图形特性新析.下篇	2018—06	88.00	912
平面几何范例多解探究.上篇	2018—04	48.00	910
平面几何范例多解探究.下篇	2018—12	68.00	914
从分析解题过程学解题:竞赛中的几何问题研究	2018—07	68.00	946
二维、三维欧氏几何的对偶原理	2018—12	38.00	990

刘培杰数学工作室
已出版(即将出版)图书目录——初等数学

书　　名	出版时间	定　价	编号
俄罗斯平面几何问题集	2009—08	88.00	55
俄罗斯立体几何问题集	2014—03	58.00	283
俄罗斯几何大师——沙雷金论数学及其他	2014—01	48.00	271
来自俄罗斯的5000道几何习题及解答	2011—03	58.00	89
俄罗斯初等数学问题集	2012—05	38.00	177
俄罗斯函数问题集	2011—03	38.00	103
俄罗斯组合分析问题集	2011—01	48.00	79
俄罗斯初等数学万题选——三角卷	2012—11	38.00	222
俄罗斯初等数学万题选——代数卷	2013—08	68.00	225
俄罗斯初等数学万题选——几何卷	2014—01	68.00	226
俄罗斯《量子》杂志数学征解问题100题选	2018—08	48.00	969
俄罗斯《量子》杂志数学征解问题又100题选	2018—08	48.00	970
463个俄罗斯几何老问题	2012—01	28.00	152
《量子》数学短文精粹	2018—09	38.00	972
谈谈素数	2011—03	18.00	91
平方和	2011—03	18.00	92
整数论	2011—05	38.00	120
从整数谈起	2015—10	28.00	538
数与多项式	2016—01	38.00	558
谈谈不定方程	2011—05	28.00	119
解析不等式新论	2009—06	68.00	48
建立不等式的方法	2011—03	98.00	104
数学奥林匹克不等式研究	2009—08	68.00	56
不等式研究(第二辑)	2012—02	68.00	153
不等式的秘密(第一卷)	2012—02	28.00	154
不等式的秘密(第一卷)(第2版)	2014—02	38.00	286
不等式的秘密(第二卷)	2014—01	38.00	268
初等不等式的证明方法	2010—06	38.00	123
初等不等式的证明方法(第二版)	2014—11	38.00	407
不等式·理论·方法(基础卷)	2015—07	38.00	496
不等式·理论·方法(经典不等式卷)	2015—07	38.00	497
不等式·理论·方法(特殊类型不等式卷)	2015—07	48.00	498
不等式探究	2016—03	38.00	582
不等式探秘	2017—01	88.00	689
四面体不等式	2017—01	68.00	715
数学奥林匹克中常见重要不等式	2017—09	38.00	845
三正弦不等式	2018—09	98.00	974
同余理论	2012—05	38.00	163
[x]与{x}	2015—04	48.00	476
极值与最值.上卷	2015—06	28.00	486
极值与最值.中卷	2015—06	38.00	487
极值与最值.下卷	2015—06	28.00	488
整数的性质	2012—11	38.00	192
完全平方数及其应用	2015—08	78.00	506
多项式理论	2015—10	88.00	541
奇数、偶数、奇偶分析法	2018—01	98.00	876
不定方程及其应用.上	2018—12	58.00	992
不定方程及其应用.中	2019—01	78.00	993
不定方程及其应用.下	2019—02	98.00	994

刘培杰数学工作室
已出版(即将出版)图书目录——初等数学

书　　名	出版时间	定　价	编号
历届美国中学生数学竞赛试题及解答(第一卷)1950—1954	2014—07	18.00	277
历届美国中学生数学竞赛试题及解答(第二卷)1955—1959	2014—04	18.00	278
历届美国中学生数学竞赛试题及解答(第三卷)1960—1964	2014—06	18.00	279
历届美国中学生数学竞赛试题及解答(第四卷)1965—1969	2014—04	28.00	280
历届美国中学生数学竞赛试题及解答(第五卷)1970—1972	2014—06	18.00	281
历届美国中学生数学竞赛试题及解答(第六卷)1973—1980	2017—07	18.00	768
历届美国中学生数学竞赛试题及解答(第七卷)1981—1986	2015—01	18.00	424
历届美国中学生数学竞赛试题及解答(第八卷)1987—1990	2017—05	18.00	769
历届IMO试题集(1959—2005)	2006—05	58.00	5
历届CMO试题集	2008—09	28.00	40
历届中国数学奥林匹克试题集(第2版)	2017—03	38.00	757
历届加拿大数学奥林匹克试题集	2012—08	38.00	215
历届美国数学奥林匹克试题集:多解推广加强	2012—08	38.00	209
历届美国数学奥林匹克试题集:多解推广加强(第2版)	2016—03	48.00	592
历届波兰数学竞赛试题集.第1卷,1949~1963	2015—03	18.00	453
历届波兰数学竞赛试题集.第2卷,1964~1976	2015—03	18.00	454
历届巴尔干数学奥林匹克试题集	2015—05	38.00	466
保加利亚数学奥林匹克	2014—10	38.00	393
圣彼得堡数学奥林匹克试题集	2015—01	38.00	429
匈牙利奥林匹克数学竞赛题解.第1卷	2016—05	28.00	593
匈牙利奥林匹克数学竞赛题解.第2卷	2016—05	28.00	594
历届美国数学邀请赛试题集(第2版)	2017—10	78.00	851
全国高中数学竞赛试题及解答.第1卷	2014—07	38.00	331
普林斯顿大学数学竞赛	2016—06	38.00	669
亚太地区数学奥林匹克竞赛题	2015—07	18.00	492
日本历届(初级)广中杯数学竞赛试题及解答.第1卷(2000~2007)	2016—05	28.00	641
日本历届(初级)广中杯数学竞赛试题及解答.第2卷(2008~2015)	2016—05	38.00	642
360个数学竞赛问题	2016—08	58.00	677
奥数最佳实战题.上卷	2017—06	38.00	760
奥数最佳实战题.下卷	2017—05	58.00	761
哈尔滨市早期中学数学竞赛试题汇编	2016—07	28.00	672
全国高中数学联赛试题及解答:1981—2017(第2版)	2018—05	98.00	920
20世纪50年代全国部分城市数学竞赛试题汇编	2017—07	28.00	797
高中数学竞赛培训教程:平面几何问题的求解方法与策略.上	2018—05	68.00	906
高中数学竞赛培训教程:平面几何问题的求解方法与策略.下	2018—06	78.00	907
高中数学竞赛培训教程:整除与同余以及不定方程	2018—01	88.00	908
高中数学竞赛培训教程:组合计数与组合极值	2018—04	48.00	909
国内外数学竞赛题及精解:2016~2017	2018—07	45.00	922
许康华竞赛优学精选集.第一辑	2018—08	68.00	949
高考数学临门一脚(含密押三套卷)(理科版)	2017—01	45.00	743
高考数学临门一脚(含密押三套卷)(文科版)	2017—01	45.00	744
新课标高考数学题型全归纳(文科版)	2015—05	72.00	467
新课标高考数学题型全归纳(理科版)	2015—05	82.00	468
洞穿高考数学解答题核心考点(理科版)	2015—11	49.80	550
洞穿高考数学解答题核心考点(文科版)	2015—11	46.80	551

刘培杰数学工作室
已出版(即将出版)图书目录——初等数学

书　　名	出版时间	定　价	编号
高考数学题型全归纳:文科版.上	2016—05	53.00	663
高考数学题型全归纳:文科版.下	2016—05	53.00	664
高考数学题型全归纳:理科版.上	2016—05	58.00	665
高考数学题型全归纳:理科版.下	2016—05	58.00	666
王连笑教你怎样学数学:高考选择题解题策略与客观题实用训练	2014—01	48.00	262
王连笑教你怎样学数学:高考数学高层次讲座	2015—02	48.00	432
高考数学的理论与实践	2009—08	38.00	53
高考数学核心题型解题方法与技巧	2010—01	28.00	86
高考思维新平台	2014—03	38.00	259
30分钟拿下高考数学选择题、填空题(理科版)	2016—10	39.80	720
30分钟拿下高考数学选择题、填空题(文科版)	2016—10	39.80	721
高考数学压轴题解题诀窍(上)(第2版)	2018—01	58.00	874
高考数学压轴题解题诀窍(下)(第2版)	2018—01	48.00	875
北京市五区文科数学三年高考模拟题详解:2013~2015	2015—08	48.00	500
北京市五区理科数学三年高考模拟题详解:2013~2015	2015—09	68.00	505
向量法巧解数学高考题	2009—08	28.00	54
高考数学万能解题法(第2版)	即将出版	38.00	691
高考物理万能解题法(第2版)	即将出版	38.00	692
高考化学万能解题法(第2版)	即将出版	28.00	693
高考生物万能解题法(第2版)	即将出版	28.00	694
高考数学解题金典(第2版)	2017—01	78.00	716
高考物理解题金典(第2版)	即将出版	68.00	717
高考化学解题金典(第2版)	即将出版	58.00	718
我一定要赚分:高中物理	2016—01	38.00	580
数学高考参考	2016—01	78.00	589
2011~2015年全国及各省市高考数学文科精品试题审题要津与解法研究	2015—10	68.00	539
2011~2015年全国及各省市高考数学理科精品试题审题要津与解法研究	2015—10	88.00	540
最新全国及各省市高考数学试卷解法研究及点拨评析	2009—02	38.00	41
2011年全国及各省市高考数学试题审题要津与解法研究	2011—10	48.00	139
2013年全国及各省市高考数学试题解析与点评	2014—01	48.00	282
全国及各省市高考数学试题审题要津与解法研究	2015—02	48.00	450
新课标高考数学——五年试题分章详解(2007~2011)(上、下)	2011—10	78.00	140,141
全国中考数学压轴题审题要津与解法研究	2013—04	78.00	248
新编全国及各省市中考数学压轴题审题要津与解法研究	2014—05	58.00	342
全国及各省市5年中考数学压轴题审题要津与解法研究(2015版)	2015—04	58.00	462
中考数学专题总复习	2007—04	28.00	6
中考数学较难题、难题常考题型解题方法与技巧.上	2016—01	48.00	584
中考数学较难题、难题常考题型解题方法与技巧.下	2016—01	58.00	585
中考数学较难题常考题型解题方法与技巧	2016—09	48.00	681
中考数学难题常考题型解题方法与技巧	2016—09	48.00	682
中考数学中档题常考题型解题方法与技巧	2017—08	68.00	835
中考数学选择填空压轴好题妙解365	2017—05	38.00	759

刘培杰数学工作室
已出版（即将出版）图书目录——初等数学

书　名	出版时间	定　价	编号
中考数学小压轴汇编初讲	2017—07	48.00	788
中考数学大压轴专题微言	2017—09	48.00	846
北京中考数学压轴题解题方法突破（第4版）	2019—01	58.00	1001
助你高考成功的数学解题智慧：知识是智慧的基础	2016—01	58.00	596
助你高考成功的数学解题智慧：错误是智慧的试金石	2016—04	58.00	643
助你高考成功的数学解题智慧：方法是智慧的推手	2016—04	68.00	657
高考数学奇思妙解	2016—04	38.00	610
高考数学解题策略	2016—05	48.00	670
数学解题泄天机（第2版）	2017—10	48.00	850
高考物理压轴题全解	2017—04	48.00	746
高中物理经典问题25讲	2017—05	28.00	764
高中物理教学讲义	2018—01	48.00	871
2016年高考文科数学真题研究	2017—04	58.00	754
2016年高考理科数学真题研究	2017—04	78.00	755
初中数学、高中数学脱节知识补缺教材	2017—06	48.00	766
高考数学小题抢分必练	2017—10	48.00	834
高考数学核心素养解读	2017—09	38.00	839
高考数学客观题解题方法和技巧	2017—10	38.00	847
十年高考数学精品试题审题要津与解法研究.上卷	2018—01	68.00	872
十年高考数学精品试题审题要津与解法研究.下卷	2018—01	58.00	873
中国历届高考数学试题及解答.1949—1979	2018—01	38.00	877
历届中国高考数学试题及解答.第二卷,1980—1989	2018—10	28.00	975
历届中国高考数学试题及解答.第三卷,1990—1999	2018—10	48.00	976
数学文化与高考研究	2018—03	48.00	882
跟我学解高中数学题	2018—07	58.00	926
中学数学研究的方法及案例	2018—05	58.00	869
高考数学抢分技能	2018—07	68.00	934
高一新生常用数学方法和重要数学思想提升教材	2018—06	38.00	921
2018年高考数学真题研究	2019—01	68.00	1000
新编640个世界著名数学智力趣题	2014—01	88.00	242
500个最新世界著名数学智力趣题	2008—06	48.00	3
400个最新世界著名数学最值问题	2008—09	48.00	36
500个世界著名数学征解问题	2009—06	48.00	52
400个中国最佳初等数学征解老问题	2010—01	48.00	60
500个俄罗斯数学经典老题	2011—01	28.00	81
1000个国外中学物理好题	2012—04	48.00	174
300个日本高考数学题	2012—05	38.00	142
700个早期日本高考数学试题	2017—02	88.00	752
500个前苏联早期高考数学试题及解答	2012—05	28.00	185
546个早期俄罗斯大学生数学竞赛题	2014—03	38.00	285
548个来自美苏的数学好问题	2014—11	28.00	396
20所苏联著名大学早期入学试题	2015—02	18.00	452
161道德国工科大学生必做的微分方程习题	2015—05	28.00	469
500个德国工科大学生必做的高数习题	2015—06	28.00	478
360个数学竞赛问题	2016—08	58.00	677
200个趣味数学故事	2018—02	48.00	857
470个数学奥林匹克中的最值问题	2018—10	88.00	985
德国讲义日本考题.微积分卷	2015—04	48.00	456
德国讲义日本考题.微分方程卷	2015—04	38.00	457
二十世纪中叶中、英、美、日、法、俄高考数学试题精选	2017—06	38.00	783

刘培杰数学工作室
已出版（即将出版）图书目录——初等数学

书　名	出版时间	定　价	编号
中国初等数学研究　2009 卷（第 1 辑）	2009—05	20.00	45
中国初等数学研究　2010 卷（第 2 辑）	2010—05	30.00	68
中国初等数学研究　2011 卷（第 3 辑）	2011—07	60.00	127
中国初等数学研究　2012 卷（第 4 辑）	2012—07	48.00	190
中国初等数学研究　2014 卷（第 5 辑）	2014—02	48.00	288
中国初等数学研究　2015 卷（第 6 辑）	2015—06	68.00	493
中国初等数学研究　2016 卷（第 7 辑）	2016—04	68.00	609
中国初等数学研究　2017 卷（第 8 辑）	2017—01	98.00	712
几何变换（Ⅰ）	2014—07	28.00	353
几何变换（Ⅱ）	2015—06	28.00	354
几何变换（Ⅲ）	2015—01	38.00	355
几何变换（Ⅳ）	2015—12	38.00	356
初等数论难题集（第一卷）	2009—05	68.00	44
初等数论难题集（第二卷）（上、下）	2011—02	128.00	82,83
数论概貌	2011—03	18.00	93
代数数论（第二版）	2013—08	58.00	94
代数多项式	2014—06	38.00	289
初等数论的知识与问题	2011—02	28.00	95
超越数论基础	2011—03	28.00	96
数论初等教程	2011—03	28.00	97
数论基础	2011—03	18.00	98
数论基础与维诺格拉多夫	2014—03	18.00	292
解析数论基础	2012—08	28.00	216
解析数论基础（第二版）	2014—01	48.00	287
解析数论问题集（第二版）（原版引进）	2014—05	88.00	343
解析数论问题集（第二版）（中译本）	2016—04	88.00	607
解析数论基础（潘承洞，潘承彪著）	2016—07	98.00	673
解析数论导引	2016—07	58.00	674
数论入门	2011—03	38.00	99
代数数论入门	2015—03	38.00	448
数论开篇	2012—07	28.00	194
解析数论引论	2011—03	48.00	100
Barban Davenport Halberstam 均值和	2009—01	40.00	33
基础数论	2011—03	28.00	101
初等数论 100 例	2011—05	18.00	122
初等数论经典例题	2012—07	18.00	204
最新世界各国数学奥林匹克中的初等数论试题（上、下）	2012—01	138.00	144,145
初等数论（Ⅰ）	2012—01	18.00	156
初等数论（Ⅱ）	2012—01	18.00	157
初等数论（Ⅲ）	2012—01	28.00	158

刘培杰数学工作室
已出版(即将出版)图书目录——初等数学

书　名	出版时间	定　价	编号
平面几何与数论中未解决的新老问题	2013—01	68.00	229
代数数论简史	2014—11	28.00	408
代数数论	2015—09	88.00	532
代数、数论及分析习题集	2016—11	98.00	695
数论导引提要及习题解答	2016—01	48.00	559
素数定理的初等证明.第2版	2016—09	48.00	686
数论中的模函数与狄利克雷级数(第二版)	2017—11	78.00	837
数论:数学导引	2018—01	68.00	849
数学精神巡礼	2019—01	58.00	731
数学眼光透视(第2版)	2017—06	78.00	732
数学思想领悟(第2版)	2018—01	68.00	733
数学方法溯源(第2版)	2018—08	68.00	734
数学解题引论	2017—05	58.00	735
数学史话览胜(第2版)	2017—01	48.00	736
数学应用展观(第2版)	2017—08	68.00	737
数学建模尝试	2018—04	48.00	738
数学竞赛采风	2018—01	68.00	739
数学技能操握	2018—03	48.00	741
数学欣赏拾趣	2018—02	48.00	742
从毕达哥拉斯到怀尔斯	2007—10	48.00	9
从迪利克雷到维斯卡尔迪	2008—01	48.00	21
从哥德巴赫到陈景润	2008—05	98.00	35
从庞加莱到佩雷尔曼	2011—08	138.00	136
博弈论精粹	2008—03	58.00	30
博弈论精粹.第二版(精装)	2015—01	88.00	461
数学 我爱你	2008—01	28.00	20
精神的圣徒 别样的人生——60位中国数学家成长的历程	2008—09	48.00	39
数学史概论	2009—06	78.00	50
数学史概论(精装)	2013—03	158.00	272
数学史选讲	2016—01	48.00	544
斐波那契数列	2010—02	28.00	65
数学拼盘和斐波那契魔方	2010—07	38.00	72
斐波那契数列欣赏(第2版)	2018—08	58.00	948
Fibonacci 数列中的明珠	2018—06	58.00	928
数学的创造	2011—02	48.00	85
数学美与创造力	2016—01	48.00	595
数海拾贝	2016—01	48.00	590
数学中的美	2011—02	38.00	84
数论中的美学	2014—12	38.00	351

刘培杰数学工作室
已出版(即将出版)图书目录——初等数学

书　名	出版时间	定　价	编号
数学王者　科学巨人——高斯	2015—01	28.00	428
振兴祖国数学的圆梦之旅:中国初等数学研究史话	2015—06	98.00	490
二十世纪中国数学史料研究	2015—10	48.00	536
数字谜、数阵图与棋盘覆盖	2016—01	58.00	298
时间的形状	2016—01	38.00	556
数学发现的艺术:数学探索中的合情推理	2016—07	58.00	671
活跃在数学中的参数	2016—07	48.00	675
数学解题——靠数学思想给力(上)	2011—07	38.00	131
数学解题——靠数学思想给力(中)	2011—07	48.00	132
数学解题——靠数学思想给力(下)	2011—07	38.00	133
我怎样解题	2013—01	48.00	227
数学解题中的物理方法	2011—06	28.00	114
数学解题的特殊方法	2011—06	48.00	115
中学数学计算技巧	2012—01	48.00	116
中学数学证明方法	2012—01	58.00	117
数学趣题巧解	2012—03	28.00	128
高中数学教学通鉴	2015—05	58.00	479
和高中生漫谈:数学与哲学的故事	2014—08	28.00	369
算术问题集	2017—03	38.00	789
张教授讲数学	2018—07		933
自主招生考试中的参数方程问题	2015—01	28.00	435
自主招生考试中的极坐标问题	2015—04	28.00	463
近年全国重点大学自主招生数学试题全解及研究.华约卷	2015—02	38.00	441
近年全国重点大学自主招生数学试题全解及研究.北约卷	2016—05	38.00	619
自主招生数学解证宝典	2015—09	48.00	535
格点和面积	2012—07	18.00	191
射影几何趣谈	2012—04	28.00	175
斯潘纳尔引理——从一道加拿大数学奥林匹克试题谈起	2014—01	28.00	228
李普希兹条件——从几道近年高考数学试题谈起	2012—10	18.00	221
拉格朗日中值定理——从一道北京高考试题的解法谈起	2015—10	18.00	197
闵科夫斯基定理——从一道清华大学自主招生试题谈起	2014—01	28.00	198
哈尔测度——从一道冬令营试题的背景谈起	2012—08	28.00	202
切比雪夫逼近问题——从一道中国台北数学奥林匹克试题谈起	2013—04	38.00	238
伯恩斯坦多项式与贝齐尔曲面——从一道全国高中数学联赛试题谈起	2013—03	38.00	236
卡塔兰猜想——从一道普特南竞赛试题谈起	2013—06	18.00	256
麦卡锡函数和阿克曼函数——从一道前南斯拉夫数学奥林匹克试题谈起	2012—08	18.00	201
贝蒂定理与拉姆贝克莫斯尔定理——从一个拣石子游戏谈起	2012—08	18.00	217
皮亚诺曲线和豪斯道夫分球定理——从无限集谈起	2012—08	18.00	211
平面凸图形与凸多面体	2012—10	28.00	218
斯坦因豪斯问题——从一道二十五省市自治区中学数学竞赛试题谈起	2012—07	18.00	196

刘培杰数学工作室
已出版(即将出版)图书目录——初等数学

书　名	出版时间	定　价	编号
纽结理论中的亚历山大多项式与琼斯多项式——从一道北京市高一数学竞赛试题谈起	2012—07	28.00	195
原则与策略——从波利亚"解题表"谈起	2013—04	38.00	244
转化与化归——从三大尺规作图不能问题谈起	2012—08	28.00	214
代数几何中的贝祖定理(第一版)——从一道IMO试题的解法谈起	2013—08	18.00	193
成功连贯理论与约当块理论——从一道比利时数学竞赛试题谈起	2012—04	18.00	180
素数判定与大数分解	2014—08	18.00	199
置换多项式及其应用	2012—10	18.00	220
椭圆函数与模函数——从一道美国加州大学洛杉矶分校(UCLA)博士资格考题谈起	2012—10	28.00	219
差分方程的拉格朗日方法——从一道2011年全国高考理科试题的解法谈起	2012—08	28.00	200
力学在几何中的一些应用	2013—01	38.00	240
高斯散度定理、斯托克斯定理和平面格林定理——从一道国际大学生数学竞赛试题谈起	即将出版		
康托洛维奇不等式——从一道全国高中联赛试题谈起	2013—03	28.00	337
西格尔引理——从一道第18届IMO试题的解法谈起	即将出版		
罗斯定理——从一道前苏联数学竞赛试题谈起	即将出版		
拉克斯定理和阿廷定理——从一道IMO试题的解法谈起	2014—01	58.00	246
毕卡大定理——从一道美国大学数学竞赛试题谈起	2014—07	18.00	350
贝齐尔曲线——从一道全国高中联赛试题谈起	即将出版		
拉格朗日乘子定理——从一道2005年全国高中联赛试题的高等数学解法谈起	2015—05	28.00	480
雅可比定理——从一道日本数学奥林匹克试题谈起	2013—04	48.00	249
李天岩—约克定理——从一道波兰数学竞赛试题谈起	2014—06	28.00	349
整系数多项式因式分解的一般方法——从克朗耐克算法谈起	即将出版		
布劳维不动点定理——从一道前苏联数学奥林匹克试题谈起	2014—01	38.00	273
伯恩赛德定理——从一道英国数学奥林匹克试题谈起	即将出版		
布查特—莫斯特定理——从一道上海市初中竞赛试题谈起	即将出版		
数论中的同余数问题——从一道普特南竞赛试题谈起	即将出版		
范·德蒙行列式——从一道美国数学奥林匹克试题谈起	即将出版		
中国剩余定理:总数法构建中国历史年表	2015—01	28.00	430
牛顿程序与方程求根——从一道全国高考试题解法谈起	即将出版		
库默尔定理——从一道IMO预选试题谈起	即将出版		
卢丁定理——从一道冬令营试题的解法谈起	即将出版		
沃斯滕霍姆定理——从一道IMO预选试题谈起	即将出版		
卡尔松不等式——从一道莫斯科数学奥林匹克试题谈起	即将出版		
信息论中的香农熵——从一道近年高考压轴题谈起	即将出版		
约当不等式——从一道希望杯竞赛试题谈起	即将出版		
拉比诺维奇定理	即将出版		
刘维尔定理——从一道《美国数学月刊》征解问题的解法谈起	即将出版		
卡塔兰恒等式与级数求和——从一道IMO试题的解法谈起	即将出版		
勒让德猜想与素数分布——从一道爱尔兰竞赛试题谈起	即将出版		
天平称重与信息论——从一道基辅市数学奥林匹克试题谈起	即将出版		
哈密顿—凯莱定理:从一道高中数学联赛试题的解法谈起	2014—09	18.00	376
艾思特曼定理——从一道CMO试题的解法谈起	即将出版		

刘培杰数学工作室
已出版(即将出版)图书目录——初等数学

书　名	出版时间	定　价	编号
阿贝尔恒等式与经典不等式及应用	2018—06	98.00	923
迪利克雷除数问题	2018—07	48.00	930
贝克码与编码理论——从一道全国高中联赛试题谈起	即将出版		
帕斯卡三角形	2014—03	18.00	294
蒲丰投针问题——从2009年清华大学的一道自主招生试题谈起	2014—01	38.00	295
斯图姆定理——从一道"华约"自主招生试题的解法谈起	2014—01	18.00	296
许瓦兹引理——从一道加利福尼亚大学伯克利分校数学系博士生试题谈起	2014—08	18.00	297
拉姆塞定理——从王诗宬院士的一个问题谈起	2016—04	48.00	299
坐标法	2013—12	28.00	332
数论三角形	2014—04	38.00	341
毕克定理	2014—07	18.00	352
数林掠影	2014—09	48.00	389
我们周围的概率	2014—10	38.00	390
凸函数最值定理:从一道华约自主招生题的解法谈起	2014—10	28.00	391
易学与数学奥林匹克	2014—10	38.00	392
生物数学趣谈	2015—01	18.00	409
反演	2015—01	28.00	420
因式分解与圆锥曲线	2015—01	18.00	426
轨迹	2015—01	28.00	427
面积原理:从常庚哲命的一道 CMO 试题的积分解法谈起	2015—01	48.00	431
形形色色的不动点定理:从一道28届IMO试题谈起	2015—01	38.00	439
柯西函数方程:从一道上海交大自主招生的试题谈起	2015—02	28.00	440
三角恒等式	2015—02	28.00	442
无理性判定:从一道2014年"北约"自主招生试题谈起	2015—01	38.00	443
数学归纳法	2015—03	18.00	451
极端原理与解题	2015—04	28.00	464
法雷级数	2014—08	18.00	367
摆线族	2015—01	38.00	438
函数方程及其解法	2015—05	38.00	470
含参数的方程和不等式	2012—09	28.00	213
希尔伯特第十问题	2016—01	38.00	543
无穷小量的求和	2016—01	28.00	545
切比雪夫多项式:从一道清华大学金秋营试题谈起	2016—01	38.00	583
泽肯多夫定理	2016—03	38.00	599
代数等式证题法	2016—01	28.00	600
三角等式证题法	2016—01	28.00	601
吴大任教授藏书中的一个因式分解公式:从一道美国数学邀请赛试题的解法谈起	2016—06	28.00	656
易卦——类万物的数学模型	2017—08	68.00	838
"不可思议"的数与数系可持续发展	2018—01	38.00	878
最短线	2018—01	38.00	879
幻方和魔方(第一卷)	2012—05	68.00	173
尘封的经典——初等数学经典文献选读(第一卷)	2012—07	48.00	205
尘封的经典——初等数学经典文献选读(第二卷)	2012—07	38.00	206
初级方程式论	2011—03	28.00	106
初等数学研究(Ⅰ)	2008—09	68.00	37
初等数学研究(Ⅱ)(上、下)	2009—05	118.00	46,47

刘培杰数学工作室
已出版(即将出版)图书目录——初等数学

书　名	出版时间	定　价	编号
趣味初等方程妙题集锦	2014—09	48.00	388
趣味初等数论选美与欣赏	2015—02	48.00	445
耕读笔记(上卷):一位农民数学爱好者的初数探索	2015—04	28.00	459
耕读笔记(中卷):一位农民数学爱好者的初数探索	2015—05	28.00	483
耕读笔记(下卷):一位农民数学爱好者的初数探索	2015—05	28.00	484
几何不等式研究与欣赏.上卷	2016—01	88.00	547
几何不等式研究与欣赏.下卷	2016—01	48.00	552
初等数列研究与欣赏·上	2016—01	48.00	570
初等数列研究与欣赏·下	2016—01	48.00	571
趣味初等函数研究与欣赏.上	2016—09	48.00	684
趣味初等函数研究与欣赏.下	2018—09	48.00	685
火柴游戏	2016—05	38.00	612
智力解谜.第1卷	2017—07	38.00	613
智力解谜.第2卷	2017—07	38.00	614
故事智力	2016—07	48.00	615
名人们喜欢的智力问题	即将出版		616
数学大师的发现、创造与失误	2018—01	48.00	617
异曲同工	2018—09	48.00	618
数学的味道	2018—01	58.00	798
数学千字文	2018—10	68.00	977
数贝偶拾——高考数学题研究	2014—04	28.00	274
数贝偶拾——初等数学研究	2014—04	38.00	275
数贝偶拾——奥数题研究	2014—04	48.00	276
钱昌本教你快乐学数学(上)	2011—12	48.00	155
钱昌本教你快乐学数学(下)	2012—03	58.00	171
集合、函数与方程	2014—01	28.00	300
数列与不等式	2014—01	38.00	301
三角与平面向量	2014—01	28.00	302
平面解析几何	2014—01	38.00	303
立体几何与组合	2014—01	28.00	304
极限与导数、数学归纳法	2014—01	38.00	305
趣味数学	2014—03	28.00	306
教材教法	2014—04	68.00	307
自主招生	2014—05	58.00	308
高考压轴题(上)	2015—01	48.00	309
高考压轴题(下)	2014—10	68.00	310
从费马到怀尔斯——费马大定理的历史	2013—10	198.00	I
从庞加莱到佩雷尔曼——庞加莱猜想的历史	2013—10	298.00	II
从切比雪夫到爱尔特希(上)——素数定理的初等证明	2013—07	48.00	III
从切比雪夫到爱尔特希(下)——素数定理100年	2012—12	98.00	IV
从高斯到盖尔方特——二次域的高斯猜想	2013—10	198.00	V
从库默尔到朗兰兹——朗兰兹猜想的历史	2014—01	98.00	VI
从比勃巴赫到德布朗斯——比勃巴赫猜想的历史	2014—02	298.00	VII
从麦比乌斯到陈省身——麦比乌斯变换与麦比乌斯带	2014—02	298.00	VIII
从布尔到豪斯道夫——布尔方程与格论漫谈	2013—10	198.00	IX
从开普勒到阿诺德——三体问题的历史	2014—05	298.00	X
从华林到华罗庚——华林问题的历史	2013—10	298.00	XI

刘培杰数学工作室
已出版(即将出版)图书目录——初等数学

书　名	出版时间	定　价	编号
美国高中数学竞赛五十讲.第1卷(英文)	2014—08	28.00	357
美国高中数学竞赛五十讲.第2卷(英文)	2014—08	28.00	358
美国高中数学竞赛五十讲.第3卷(英文)	2014—09	28.00	359
美国高中数学竞赛五十讲.第4卷(英文)	2014—09	28.00	360
美国高中数学竞赛五十讲.第5卷(英文)	2014—10	28.00	361
美国高中数学竞赛五十讲.第6卷(英文)	2014—11	28.00	362
美国高中数学竞赛五十讲.第7卷(英文)	2014—12	28.00	363
美国高中数学竞赛五十讲.第8卷(英文)	2015—01	28.00	364
美国高中数学竞赛五十讲.第9卷(英文)	2015—01	28.00	365
美国高中数学竞赛五十讲.第10卷(英文)	2015—02	38.00	366
三角函数(第2版)	2017—04	38.00	626
不等式	2014—01	38.00	312
数列	2014—01	38.00	313
方程(第2版)	2017—04	38.00	624
排列和组合	2014—01	28.00	315
极限与导数(第2版)	2016—04	38.00	635
向量(第2版)	2018—08	58.00	627
复数及其应用	2014—08	28.00	318
函数	2014—01	38.00	319
集合	即将出版		320
直线与平面	2014—01	28.00	321
立体几何(第2版)	2016—04	38.00	629
解三角形	即将出版		323
直线与圆(第2版)	2016—11	38.00	631
圆锥曲线(第2版)	2016—09	48.00	632
解题通法(一)	2014—07	38.00	326
解题通法(二)	2014—07	38.00	327
解题通法(三)	2014—05	38.00	328
概率与统计	2014—01	28.00	329
信息迁移与算法	即将出版		330
IMO 50年.第1卷(1959—1963)	2014—11	28.00	377
IMO 50年.第2卷(1964—1968)	2014—11	28.00	378
IMO 50年.第3卷(1969—1973)	2014—09	28.00	379
IMO 50年.第4卷(1974—1978)	2016—04	38.00	380
IMO 50年.第5卷(1979—1984)	2015—04	38.00	381
IMO 50年.第6卷(1985—1989)	2015—04	58.00	382
IMO 50年.第7卷(1990—1994)	2016—01	48.00	383
IMO 50年.第8卷(1995—1999)	2016—06	38.00	384
IMO 50年.第9卷(2000—2004)	2015—04	58.00	385
IMO 50年.第10卷(2005—2009)	2016—01	48.00	386
IMO 50年.第11卷(2010—2015)	2017—03	48.00	646

刘培杰数学工作室
已出版(即将出版)图书目录——初等数学

书　名	出版时间	定　价	编号
数学反思(2007—2008)	即将出版		915
数学反思(2008—2009)	2019—01	68.00	917
数学反思(2010—2011)	2018—05	58.00	916
数学反思(2012—2013)	2019—01	58.00	918
数学反思(2014—2015)	即将出版		919
历届美国大学生数学竞赛试题集.第一卷(1938—1949)	2015—01	28.00	397
历届美国大学生数学竞赛试题集.第二卷(1950—1959)	2015—01	28.00	398
历届美国大学生数学竞赛试题集.第三卷(1960—1969)	2015—01	28.00	399
历届美国大学生数学竞赛试题集.第四卷(1970—1979)	2015—01	18.00	400
历届美国大学生数学竞赛试题集.第五卷(1980—1989)	2015—01	28.00	401
历届美国大学生数学竞赛试题集.第六卷(1990—1999)	2015—01	28.00	402
历届美国大学生数学竞赛试题集.第七卷(2000—2009)	2015—08	18.00	403
历届美国大学生数学竞赛试题集.第八卷(2010—2012)	2015—01	18.00	404
新课标高考数学创新题解题诀窍:总论	2014—09	28.00	372
新课标高考数学创新题解题诀窍:必修1～5分册	2014—08	38.00	373
新课标高考数学创新题解题诀窍:选修2—1,2—2,1—1,1—2分册	2014—09	38.00	374
新课标高考数学创新题解题诀窍:选修2—3,4—4,4—5分册	2014—09	18.00	375
全国重点大学自主招生英文数学试题全攻略:词汇卷	2015—07	48.00	410
全国重点大学自主招生英文数学试题全攻略:概念卷	2015—01	28.00	411
全国重点大学自主招生英文数学试题全攻略:文章选读卷(上)	2016—09	38.00	412
全国重点大学自主招生英文数学试题全攻略:文章选读卷(下)	2017—01	58.00	413
全国重点大学自主招生英文数学试题全攻略:试题卷	2015—07	38.00	414
全国重点大学自主招生英文数学试题全攻略:名著欣赏卷	2017—03	48.00	415
劳埃德数学趣题大全.题目卷.1:英文	2016—01	18.00	516
劳埃德数学趣题大全.题目卷.2:英文	2016—01	18.00	517
劳埃德数学趣题大全.题目卷.3:英文	2016—01	18.00	518
劳埃德数学趣题大全.题目卷.4:英文	2016—01	18.00	519
劳埃德数学趣题大全.题目卷.5:英文	2016—01	18.00	520
劳埃德数学趣题大全.答案卷:英文	2016—01	18.00	521
李成章教练奥数笔记.第1卷	2016—01	48.00	522
李成章教练奥数笔记.第2卷	2016—01	48.00	523
李成章教练奥数笔记.第3卷	2016—01	38.00	524
李成章教练奥数笔记.第4卷	2016—01	38.00	525
李成章教练奥数笔记.第5卷	2016—01	38.00	526
李成章教练奥数笔记.第6卷	2016—01	38.00	527
李成章教练奥数笔记.第7卷	2016—01	38.00	528
李成章教练奥数笔记.第8卷	2016—01	48.00	529
李成章教练奥数笔记.第9卷	2016—01	28.00	530

刘培杰数学工作室
已出版（即将出版）图书目录——初等数学

书　　名	出版时间	定　价	编号
第19～23届"希望杯"全国数学邀请赛试题审题要津详细评注（初一版）	2014—03	28.00	333
第19～23届"希望杯"全国数学邀请赛试题审题要津详细评注（初二、初三版）	2014—03	38.00	334
第19～23届"希望杯"全国数学邀请赛试题审题要津详细评注（高一版）	2014—03	28.00	335
第19～23届"希望杯"全国数学邀请赛试题审题要津详细评注（高二版）	2014—03	38.00	336
第19～25届"希望杯"全国数学邀请赛试题审题要津详细评注（初一版）	2015—01	38.00	416
第19～25届"希望杯"全国数学邀请赛试题审题要津详细评注（初二、初三版）	2015—01	58.00	417
第19～25届"希望杯"全国数学邀请赛试题审题要津详细评注（高一版）	2015—01	48.00	418
第19～25届"希望杯"全国数学邀请赛试题审题要津详细评注（高二版）	2015—01	48.00	419
物理奥林匹克竞赛大题典——力学卷	2014—11	48.00	405
物理奥林匹克竞赛大题典——热学卷	2014—04	28.00	339
物理奥林匹克竞赛大题典——电磁学卷	2015—07	48.00	406
物理奥林匹克竞赛大题典——光学与近代物理卷	2014—06	28.00	345
历届中国东南地区数学奥林匹克试题集（2004～2012）	2014—06	18.00	346
历届中国西部地区数学奥林匹克试题集（2001～2012）	2014—07	18.00	347
历届中国女子数学奥林匹克试题集（2002～2012）	2014—08	18.00	348
数学奥林匹克在中国	2014—06	98.00	344
数学奥林匹克问题集	2014—01	38.00	267
数学奥林匹克不等式散论	2010—06	38.00	124
数学奥林匹克不等式欣赏	2011—09	38.00	138
数学奥林匹克超级题库（初中卷上）	2010—01	58.00	66
数学奥林匹克不等式证明方法和技巧（上、下）	2011—08	158.00	134,135
他们学什么：原民主德国中学数学课本	2016—09	38.00	658
他们学什么：英国中学数学课本	2016—09	38.00	659
他们学什么：法国中学数学课本.1	2016—09	38.00	660
他们学什么：法国中学数学课本.2	2016—09	28.00	661
他们学什么：法国中学数学课本.3	2016—09	38.00	662
他们学什么：苏联中学数学课本	2016—09	28.00	679
高中数学题典——集合与简易逻辑·函数	2016—07	48.00	647
高中数学题典——导数	2016—07	48.00	648
高中数学题典——三角函数·平面向量	2016—07	48.00	649
高中数学题典——数列	2016—07	58.00	650
高中数学题典——不等式·推理与证明	2016—07	38.00	651
高中数学题典——立体几何	2016—07	48.00	652
高中数学题典——平面解析几何	2016—07	78.00	653
高中数学题典——计数原理·统计·概率·复数	2016—07	48.00	654
高中数学题典——算法·平面几何·初等数论·组合数学·其他	2016—07	68.00	655

刘培杰数学工作室
已出版（即将出版）图书目录——初等数学

书　　名	出版时间	定　价	编号
台湾地区奥林匹克数学竞赛试题.小学一年级	2017—03	38.00	722
台湾地区奥林匹克数学竞赛试题.小学二年级	2017—03	38.00	723
台湾地区奥林匹克数学竞赛试题.小学三年级	2017—03	38.00	724
台湾地区奥林匹克数学竞赛试题.小学四年级	2017—03	38.00	725
台湾地区奥林匹克数学竞赛试题.小学五年级	2017—03	38.00	726
台湾地区奥林匹克数学竞赛试题.小学六年级	2017—03	38.00	727
台湾地区奥林匹克数学竞赛试题.初中一年级	2017—03	38.00	728
台湾地区奥林匹克数学竞赛试题.初中二年级	2017—03	38.00	729
台湾地区奥林匹克数学竞赛试题.初中三年级	2017—03	28.00	730
不等式证题法	2017—04	28.00	747
平面几何培优教程	即将出版		748
奥数鼎级培优教程.高一分册	2018—09	88.00	749
奥数鼎级培优教程.高二分册.上	2018—04	68.00	750
奥数鼎级培优教程.高二分册.下	2018—04	68.00	751
高中数学竞赛冲刺宝典	即将出版		883
初中尖子生数学超级题典.实数	2017—07	58.00	792
初中尖子生数学超级题典.式、方程与不等式	2017—08	58.00	793
初中尖子生数学超级题典.圆、面积	2017—08	38.00	794
初中尖子生数学超级题典.函数、逻辑推理	2017—08	48.00	795
初中尖子生数学超级题典.角、线段、三角形与多边形	2017—07	58.00	796
数学王子——高斯	2018—01	48.00	858
坎坷奇星——阿贝尔	2018—01	48.00	859
闪烁奇星——伽罗瓦	2018—01	58.00	860
无穷统帅——康托尔	2018—01	48.00	861
科学公主——柯瓦列夫斯卡娅	2018—01	48.00	862
抽象代数之母——埃米·诺特	2018—01	48.00	863
电脑先驱——图灵	2018—01	58.00	864
昔日神童——维纳	2018—01	48.00	865
数坛怪侠——爱尔特希	2018—01	68.00	866
当代世界中的数学.数学思想与数学基础	2019—01	38.00	892
当代世界中的数学.数学问题	2019—01	38.00	893
当代世界中的数学.应用数学与数学应用	2019—01	38.00	894
当代世界中的数学.数学王国的新疆域（一）	2019—01	38.00	895
当代世界中的数学.数学王国的新疆域（二）	2019—01	38.00	896
当代世界中的数学.数林撷英（一）	2019—01	38.00	897
当代世界中的数学.数林撷英（二）	2019—01	48.00	898
当代世界中的数学.数学之路	2019—01	38.00	899

刘培杰数学工作室
已出版(即将出版)图书目录——初等数学

书　名	出版时间	定　价	编号
105个代数问题:来自AwesomeMath夏季课程	2019—02	58.00	956
106个几何问题:来自AwesomeMath夏季课程	即将出版		957
107个几何问题:来自AwesomeMath全年课程	即将出版		958
108个代数问题:来自AwesomeMath全年课程	2019—01	68.00	959
109个不等式:来自AwesomeMath夏季课程	即将出版		960
国际数学奥林匹克中的110个几何问题	即将出版		961
111个代数和数论问题	即将出版		962
112个组合问题:来自AwesomeMath夏季课程	即将出版		963
113个几何不等式:来自AwesomeMath夏季课程	即将出版		964
114个指数和对数问题:来自AwesomeMath夏季课程	即将出版		965
115个三角问题:来自AwesomeMath夏季课程	即将出版		966
116个代数不等式:来自AwesomeMath全年课程	即将出版		967
紫色慧星国际数学竞赛试题	2019—02	58.00	999
澳大利亚中学数学竞赛试题及解答(初级卷)1978~1984	2019—02	28.00	1002
澳大利亚中学数学竞赛试题及解答(初级卷)1985~1991	2019—02	28.00	1003
澳大利亚中学数学竞赛试题及解答(初级卷)1992~1998	2019—02	28.00	1004
澳大利亚中学数学竞赛试题及解答(初级卷)1999~2005	2019—02	28.00	1005
澳大利亚中学数学竞赛试题及解答(中级卷)1978~1984	即将出版		1006
澳大利亚中学数学竞赛试题及解答(中级卷)1985~1991	即将出版		1007
澳大利亚中学数学竞赛试题及解答(中级卷)1992~1998	即将出版		1008
澳大利亚中学数学竞赛试题及解答(中级卷)1999~2005	即将出版		1009
澳大利亚中学数学竞赛试题及解答(高级卷)1978~1984	即将出版		1010
澳大利亚中学数学竞赛试题及解答(高级卷)1985~1991	即将出版		1011
澳大利亚中学数学竞赛试题及解答(高级卷)1992~1998	即将出版		1012
澳大利亚中学数学竞赛试题及解答(高级卷)1999~2005	即将出版		1013

联系地址:哈尔滨市南岗区复华四道街10号　哈尔滨工业大学出版社刘培杰数学工作室
网　　址:http://lpj.hit.edu.cn/
邮　编:150006
联系电话:0451—86281378　　　13904613167
E-mail:lpj1378@163.com